子ども・孫に伝えたい!!
風習、儀式、習わし

60歳を過ぎたら忘れてはならない

日本のしきたり
常識度テスト

全455問
自己採点付き

美しい日本語を研究する会 編

コスモ21

はじめに——

子どもや孫に伝え、遺したい日本のしきたり

日本には春夏秋冬それぞれに美しい光景が流れ、どの季節にもその自然に応じた生活風習や伝統行事があり、代々受け継がれてきました。そこには自然の恵みに感謝し、田畑の豊作や家族、地域の無事を祈る心がこもっています。

また、風習とか行事は、地域の連帯感や団結を強める日本の古き良き大事な儀式でもありました。

伝統行事だけではありません。お祝いや弔いごとは自分勝手なふるまいをすれば、厳粛なその場の雰囲気や空気を乱してしまいます。

普段の生活でも、ルールを決めてお付き合いをしたほうが、平穏で豊かな暮らしができたのです。昔から様々な場面で、多くの人々があれこれと試した結果、いろいろな決まりごとができました。これがしきたりや習わしです。

しきたりは日本人の暮らしの原点であり、人間関係や日々の生活を円滑にする知恵であり、潤滑油なのです。

ひと昔前まで、しきたりは地域の長老や年輩者が若輩者に、家長が子ども、孫にと

伝えてきました。しきたりを身につけなければ一人前の大人として扱われないこともありました。

ただ、近年は伝統行事などにもあまり関心がなく、こだわりも少なくなったようで、堅苦しい儀式は敬遠されるようになりました。親から子へ、地域のお年寄りから若者へ、しきたりや習慣を伝える機会も少なくなっています。

団塊世代や還暦を迎えられた年代の方が、今ではそれらしきたりや風習を伝える立場になっていますが、果たしてどれほど日本のしきたりや習わしを理解され、身につけられているでしょうか？

本書は、一年間にわたって大切にしたい日本のしきたりに対してあなたの常識度をチェックしていただく本です。と同時にサビついて脳の奥にしまいこまれていた記憶を呼び覚まし、その簡単な学習で脳の活性化をはかりましょう。

すっかり希薄になりつつある「日本の行事やしきたり、風習」を本書で思い出して、子どもさんや孫という次の世代に、その大切さや素晴らしさを伝えてくだされば、僭《せん》越《えつ》ながら望外の喜びです。

美しい日本語を研究する会 編

日本のしきたり 常識度テスト 目次

カバー・本文デザイン＝中村 聡
原稿制作協力＝吉際企画
企画編集協力＝オフィス朋友

第一部

一年の年中行事・風習・しきたり

全211問

元旦から大晦日まで——二十四節気などの季節の移り変わりを、暦や歳時記とともに味わえば、毎月の暮らしが心楽しくなり、昔ながらの行事やしきたりが、生活にメリハリをもたらしてくれます。親から子に、子から孫へと伝え続けたい世界です。なお、解答の○には、漢字でもひらがなでも正解とします。

常識度テスト　自己採点しましょう

168問正解……★★★　大変よくできました
120問正解……★★☆　よくできました
80問正解……★☆☆　もう少し頑張りましょう

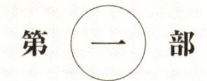

問1

一月の旧暦名「睦月」、読めますか？　名前の由来には諸説あり、親類知人が互いに往来し、仲睦まじくする月だからとする説が有力とされています。

問2

初めて会った人によく「あなたの干支《えと》は？」と尋ねられ、「イヌです」「トリです」というように答えますが、この干支、正確には「〇〇十二支」と呼びます。

問3

日本人に馴染み深い干支なので、皆さんも子どもの頃に暗唱させられたのではないでしょうか？　それでは全て言えますか？
「子　丑　寅　〇　辰　巳　〇　未　申　〇　戌　亥」

問4

正月は「元〇」にやってくる年神様をお迎えし、一年の安泰を願う月です。「元〇」とは一月一日の朝のことで、「〇」の字は地平線に昇る朝日を意味します。

問5

年神様は新しい歳を持ってくる神とも言われていますので、昔から、お正月になると満年齢に一歳足す「〇〇年」のしきたりがあります。

問6

「〇〇〇」は、一年間の邪気を払い長寿を願って元日の朝に飲む薬用酒です。数種類の薬草を日本酒やみりんなどに浸して作りますが、年少の者から年長の者へと順に飲むのが習わしです。

問7

子どもたちにとって、正月のいちばんの楽しみはお年玉でしょう。もともとは年神様にお供えした「お〇」を子どもや奉公人に分け与えたものでした。

問8

昔、鏡は神が宿るところとされ、丸い餅の形が祭事に使う銅鏡に似ていることから、お供えの餅を鏡餅と言います。いちばん上に「〇」を乗せるのは、家が代々栄えるようにとの縁起です。

問9

「○○」は玄関の外に飾り、年神様をお迎えするときの目印となるようにします。また、しめ縄も玄関や神棚に飾り、神様を迎える神聖な場所であることを示します。

問10

今ではあまり見かけなくなった「○○舞」ですが、昔から災いを祓《はら》う力があると信じられてきました。お正月に家や店などをまわり、子どもたちの人気者でした。

問11

神社で一年の無事と平安を祈るのが初詣。元々は元旦にその土地の「○神様」に参拝するのが習わしでした。また、恵方（その年の歳徳神がいる方向）にある神社へのお参りも盛んでした。

問12

初詣の作法です。まずはお賽銭《さいせん》を入れたら鈴を鳴らし、深いおじぎを「○回」します。かしわ手を「○回」打ち、手を合わせて感謝とお願い事をします。最後に深くおじぎを一回します。

問 13

お正月の遊びの定番と言えば凧あげでした。大昔はその年が豊作かどうかを占う道具だったのですが、時代を経るにつれ、男の子の成長と「無○息○」を願う遊びになってきたのです。

問 14

男の子は凧あげで外を駆け回りましたが、女の子は福笑いで遊んだのではないでしょうか？　「○○○」や「○○○とこ」の目や鼻や口がバラバラになり、大笑いをしたことでしょう。

問 15

新年になって初めて見るのが初夢。初夢で見ると縁起がよいとされたのが「一富士、二鷹、三○○」。「徳川○○」が富士山や鷹狩り、初物の野菜を好んだことからなど、諸説あります。

問 16

昔は「読み書きそろばん」が教育の基本でしたので、子どもたちは年の初めに「○○○○」をしました。「初日の出」や「迎○」など、お正月らしい言葉を書く様子が今も見られます。

問17

一月上旬には全国で、ある縁起物の市が開催されます。この品物はインドの高僧「○○大師」がモデルになっています。九年間も座禅を組み、それで手足が無くなったという言い伝えも。

問18

前問の縁起物を買ったら、正座して向き合い、まず「○目」(品物に向かって○)に墨を入れます。そして、願い事がかなったなら「○目」を入れるのが一般的なきまりです。

問19

一月五日頃は二十四節気の一つ「○寒」です。「寒の○○」とも言い、暦の上では寒さが一段と増してくる時期となります。寒中見舞いはこの頃から出します。

問20

一月七日に野草を入れたお粥《かゆ》を食べると病気にならないと言われてきました。春の七草です。覚えていますか?「せり、なずな、○○○○、はこべら、ほとけのざ、すずな、○○○○」

問21

「○○日」に、お供えしていた鏡餅を雑煮やお汁粉にして食べるのが鏡開きです。ただし包丁で切らず、木槌などで割ります。昔、武家では〈切る〉という言葉は縁起が悪かったのです。

問22

一月十日は「○○○○の日」です。日付は語呂合わせで、警察庁が1985（昭和六十）年に定め、この日、人気女性タレントなどが一日警察署長になって、犯罪防止啓蒙活動に貢献。

問23

明治になり旧暦から新暦が導入されると、一月一日が「○正月」。十五日が「○正月」と区別されるようになり、松の内に忙しく働いた主婦をねぎらう意味で「女正月」とも呼ばれています。

問24

子どもが大人になるときのお祝いは中世からあり、武家社会では男子の場合、十五歳頃に「○○」の儀式を行ない、女子は、十三歳頃に「○上げ」を行なう慣習がありました。

問25

十六日は江戸時代からの習わしで「○○○」の日です。商家の奉公人や嫁入りした娘などが実家に里帰りしました。正月は忙しくゆっくりできない人たちが帰省したのです。

問26

一月二十日頃は二十四節気の一つ「○○」です。「寒の中日」とも言われ、暦の上では寒さが最も厳しいとされています。武道の鍛錬である寒稽古の時期でもあります。

★二月の行事・風習・しきたり

問 27

二月の旧暦名「如月」、読めますか？　由来は諸説あり、二月はまだ寒く、衣を重ね着するので「衣更着」となった、が有力です。中国の二月の異称、如月からとも。

問 28

「○○」とは季節の分かれ目をさす雑節の一つで、立春、立夏、立秋、立冬の前日のことでした。なかでも旧暦で大みそかにあたる二月のものは大切な節目なので、今に残っています。

問 29

もともと豆まきは、大みそかの夜に豆をまいて鬼を追い払う〝鬼やらい〟という中国の風習でした。自分の歳より「○○」多い数の豆を食べれば健康に過ごせるという言い伝えがあります。

問 30

豆まきのときの掛け声は地域や神社などによって様々。有名人が参加することで知られる千葉県の「成田山○○寺」では「○○○」のみです。なぜなら、不動明王のもとに鬼はいないから。

問31

豆まきに使う「○豆」は前日に神棚にお供えし、当日に炒って作ります。また豆を三粒と塩コンブ、梅干しを入れて飲むお茶を「○茶」と呼び、無病息災を願います。

問32

最近は関東でも定着した「○○巻き」。もともとは関西発祥で、うなぎ、かんぴょう、きゅうり、しいたけ、伊達巻き、でんぶ、かまぼこなどの具を入れた太巻きを一本丸ごと無言で食べます。

問33

節分に魔除けとして使われるのが「やい○○○○」です。いわしの頭を焼いてひいらぎの枝にさし、玄関に飾ります。ひいらぎのギザギザや、いわしの臭いが鬼を近づけないそうです。

問34

節分の翌日は春の始まりである「○○」です。まだまだ寒さが厳しい季節ですが、旧暦の上ではこの日を新年、春の始まりとしました。

問35

上旬の七日間、札幌では「さっぽろ○○○○」が開催されます。「○○公園」を始めとする複数の会場で、雪像や氷像が展示され、国内や海外から大勢の観光客が訪れる一大イベントです。

問36

例年二月から三月の半ばに、その年に初めて吹く強い南寄りの風を「○○○」と呼びます。この風は主に太平洋側で吹きますが、気温が上昇し、暖かい時期が間近なことが実感されます。

問37

「初○」は、お稲荷さんの愛称で親しまれる稲荷神社のお祭りです。全国に三万社あると言われるその稲荷神社の総本社は、もちろん京都にある「○○稲荷大社」です。

問38

稲荷神社で鳥居の横にいるのは「お○○○さん」。春になると山から下りてきて田畑のねずみをとって食べ、秋になると山へ帰ることから田畑の神の使いとして信仰の対象となりました。

問39

八日は針供養です。毎日のように使う針に感謝し供養する日です。折れたり曲がったりした針を「○○○○○」や豆腐に刺し、神社に奉納したりします。十二月八日に行なう神社も。

問40

二月十一日は最初の天皇・神武天皇が即位した日とされ、戦前は「○○○」という祝日でしたが、1966（昭和四十一）年に日本国が誕生した日として「建国記念日」になりました。

問41

秋田県や新潟県などの降雪地域に伝わる「○○○○」は小正月の伝統行事です。雪洞のなかに祭壇を設け、水神を祀りますが、「ほんやら洞《どう》」と呼ぶ地域もあります。

問42

十九日頃は二十四節気の一つ「○○」です。空から降るのが雪から雨に変わり、氷も溶けるという意味です。昔より農作業を始める目安とされてきました。

問 43

二十二日は「○の日」です。1987（昭和六十二）年に制定されました。「2・2・2」の語呂合わせにちなんだもので、各地でイベントやキャンペーン行事が催されています。

問 44

四年に一度まわってくる二月二十九日がある年を「○○○年」と呼びます。一年が三百六十六日となるこの年はオリンピック夏季大会と米国の「○○○選挙」が行なわれる年です。

問45

三月の旧暦名「弥生」の読み方です？　弥は「ますます」などを意味し、生は、「生い茂る」と使われるように、草木がだんだん芽吹く月であることから、弥生となりました。

問46

中国の風習が日本に伝わり、平安時代には紙で作った「〇〇」で体をなで、けがれを祓《はら》い、それを川に流す「流しびな」という行事になりました。

問47

そして「〇〇時代」、女の子に降りかかる災難を身代わりで守ってもらうため、ひな人形を飾るようになったのです。その習わしが今日まで続いています。

問48

ひな飾りのいちばん上には「〇〇びな」を置きます。関東では向かって「〇」が男びな、「〇」が女びな。関西はそれが逆になるのですが、これは武家社会と公家文化の違いからきました。

問49

上から二段目には「○○官女」を置き、その下には五人ばやしです。これは能のときに使うおはやしで、向かって左から太鼓、大鼓《おおつづみ》、「○○」、「○」、謡《うたい》の順に並べます。

問50

ひな祭の代表的な料理と言えば、ちらしずし、「○○○○」のおすまし、くさもち、「○○もち」、あられなどでしょう。ひな壇に供えたあとに、皆で会食します。

問51

六日頃は二十四節気の一つ「○○」です。この時期には寒さがやっと緩み、暖かい陽気に誘われ花のつぼみがほころび、土のなかで冬眠していた虫が這《は》いだします。

問52

春を先取りする行事と言えば、東大寺二月堂お水取りでしょう。正確には「○○会」と言い、天下泰平や「○○○○」を祈る大規模な行事です。

問53

十六日は国立公園の日です。1934（昭和九）年のこの日、瀬戸内海、「○○」、霧島の三か所が、日本で初めて国立公園に指定されました。自然豊かな地が人々の旅情を誘います。

問54

春分の日を中日として、前後三日間、計七日間は春のお彼岸です。団子や「○○○○」を作ってお供えし、お墓参りをして、ご先祖様を供養する習わしがあります。

問55

春分の日は昼と夜の長さが同じになる日。二十四節気の一つで「暑さ寒さも○○まで」という諺が示すように、春らしい気候が訪れるのです。

問56

彼岸は、「○岸（この世）」の向こうにあるあの世、つまり「○○○○」のことです。各地の寺院などでは、様々な行事が催され、善男善女であふれます。

問 57

四月の旧暦名「卯月」、読めますか？　この月は、卯の花が咲く季節なので、「卯の花月」の略とする説が有力とされます。山野に自生し、白い五弁花が美しく群れ咲きます。

問 58

五日頃は二十四節気の一つ「◯◯」です。気候がよく清らかで、万物がすがすがしく美しくなる時期です。桜の花が咲き誇るお花見のシーズンでもあります。

問 59

六日になると春の交通安全運動が始まります。一般から募集した標語が話題になることも。そこで昭和四十八年の標語を覚えていますか？「◯◯日本　そんなに急いで　どこへゆく」

問 60

お花見は、奈良時代の貴族の行事が始まりと言われます。当時は「◯」が鑑賞されていました。そして平安時代に桜へと変わってきたのです。

問61

「○○」では、春の農作業の前に、その年の豊作を願い山野に遊びにでかけることを花見と呼んだそうです。桜だけでなく山いっぱいに咲き乱れる野花を楽しむ習慣がありました。

問62

奈良県の「○○山」の桜は昔からご神木として崇拝されてきました。およそ二○○種・三万本の世界に類を見ない規模の桜が密集し、尾根から尾根、谷から谷へと山桜が咲き誇ります。

問63

日本には四○○種類の桜があると言われます。その代表格はやはり「○○○○○○」でしょう。桜の開花予想は、現在は気象庁に代わり、民間業者が提供しています。

問64

この頃、多くの仏教寺院で「花祭」が行なわれますが、この行事はお釈迦様の誕生日を祝う催事です。「○○会」とか「降誕会」、「灌仏《かんぶつ》会」などとも呼ばれます。

問65

十三参りは、男女とも「○○年」十三歳で行なうお祝いです。子どもの多福・開運を祈り、小学校を卒業し、中学校に入学するときに寺社にお参りするのが通例です。

問66

十三参りは京都「○山」にある法輪寺の「○○○菩薩」へのお参りが有名です。この菩薩は十三番目に誕生した知恵を司《つかさど》る菩薩なので、このお参りは別名「知恵参り」「知恵もらい」とも。

問67

二十日頃には二十四節気の一つ「○雨」がきます。これは田畑の準備が整い、それに合わせて降る、作物の成長を助ける雨のことです。

問68

二十九日は、天皇誕生日という祝日でした。しかし、昭和六十四年一月に昭和天皇が崩御され、「○○○の日」に変わり、平成十九年より「昭和の日」に変わりました。

問69

五月の旧暦名「皐月」の読み方です？　耕作を意味する古語「さ」から、稲作の月として皐月になったという説、早苗を植える月・早苗月が略され、皐月になったとする説もあります。

問70

五月二、三日頃は八十八夜。「○○」から数えて八十八日目で、雑節の一つです。この時期は栄養と香り豊かな「○茶」が味わえる季節です。

問71

お茶にもいろいろと種類があります。一般的にお茶と言えば「○茶」をさします。八十八夜の頃に摘まれる「○○茶」と、六月頃に摘まれる二番茶から作られます。

問72

摘む前におおいを被せ、新芽を日光に当てないように育てたお茶を「○○」と呼びます。あまり熱くないお湯でいれ、じっくりと旨みを引き出す、緑茶の最高級品です。

問 73

三日は「憲法記念日」で祝日です。1948（昭和二十三）年五月三日に施行されました。憲法でとくに大事なのは「○○主権」「基本的人権の尊重」「○○主義」です。

問 74

三日からは「博多○○○○」です。博多松囃子《まつばやし》を原型とするお祭りで、一時中断されていた松囃子を復活させる際にオランダ語で休日という意味の「ゾンターク」から名付けられました。

問 75

昭和二十三年に祝日に制定された五月五日の子どもの日は、別名「○○の節句」とも言われています。鯉のぼりや鎧兜《よろいかぶと》の武者人形を飾り、男の子の成長を祝う行事です。

問 76

鯉のぼりは江戸時代、武家に男の子が生まれると、天の神様に報告し、男児の出世と「武運○○」を祈願するために、家の庭先にのぼりや吹流しを立てたのが始まりです。

問 77

吹流しの五色は、この世の全てのものが木・火・土・金《ごん》・水から成り立っているという「○○説」に由来し、魔除けの効果があるとされています。

問 78

武者人形は鎧兜《よろいかぶと》や歴史上の英雄、豪傑をモデルにしています。近年は金太郎や桃太郎、「○○丸」、弁慶、中国の魔除けの神「○○」などが一般的でしょう。

問 79

人形にお供えするのに「柏○」を忘れてはいけません。柏の葉は秋に枯れても、春に新芽が育つまで落ちないことから、子孫が繁栄し続けると言い伝えられています。

問 80

唱歌『背くらべ』の歌詞です。♪柱のきずはおとといの　五月五日の背くらべ　「○○○」たべたべ兄さんが　計ってくれた背のたけ……♪懐かしの童謡を思い出して歌いませんか。

問 81

子どもの日に「○○」をお風呂に入れて入りますが、もともとは健康によいとされる作用をもった薬草です。また、強い香りと剣のような形が魔除けになると伝えられてきました。

問 82

六日頃は二十四節気の一つ「○○」。暦の上での夏の始まりです。夏と言っても本格的な夏はまだ先で、暑くもなく寒くもなく、風は爽やかで、とても過ごしやすい日が続きます。

問 83

十日から「○○○○」が始まります。これは、野鳥を保護し、自然を愛する気持ちを、国民に根づかせるために設けられた一週間で、バードウィークとも呼ばれます。

問 84

十五日は「○祭」が行なわれます。「○○三大祭」の一つで、風雅な王朝行列が並び、日本の祭りのうち、最も優雅で古趣《こしゅ》に富んだ祭りとして有名です。

問85

十五日には東京でも「○○祭」の例大祭が行なわれます。このお祭りは山王祭、深川祭と並んで、江戸三大祭の一つとされ、多くの人出でにぎわいます。

問86

第二次世界大戦後、ずっとアメリカに占領されていた沖縄が日本に復帰したのは１９７２（昭和四十七）年「五月○○日」でした。この日が沖縄本土復帰の記念日となります。

問87

二十一日頃は二十四節気の一つ「○○」。陽気がよくなり動物や植物の成長が活気づく季節ですが、梅雨の気配も感じられる頃でもあります。

問88

五月三十日は、数字の語呂合わせから「○○○○の日」に制定されています。美化キャンペーン活動とともに、再資源化を促すための記念日です。

★六月の行事・風習・しきたり

問 89

六月の旧暦名「水無月」、読めますか？　この言葉の由来には諸説ありますが、水無月の「無」は「の」という意味の連体助詞「な」であり「水の月」であるとする説が有力です。

問 90

梅雨の始まりを「○○」と呼び、六月の十日頃とされています。これは江戸時代、先人が農作業に深く影響する梅雨になる目安を知るために設けた雑節の一つです。

問 91

童謡『あめふり』の歌詞です。♪あめあめ　ふれふれ　かあさんが「○○○○で」おむかえ　うれしいな　ピッチピッチ　チャップチャップ　ランランラン♪　雨の日はよく歌いましたね。

問 92

今では、「○○○」が毎年「梅雨入り」を発表します。沖縄がいちばん早く、約一か月ほどかけて東北北部まで移動します。「○○○」には梅雨はありませんが、近年は異常気象で？　です。

問 93

梅雨は農作物の生育にとって欠かすことのできない雨の時期で、とくに日本の「〇〇」を中心とした農事のなかでも重要な時期となるのです。

問 94

この時期、「〇〇〇〇〇海高気圧」という冷たい空気と、太平洋高気圧という暖かい空気がぶつかり、雨を降らします。そして太平洋高気圧がじわじわと勢力を強め、梅雨が明けるのです。

問 95

平安時代には年に二回、江戸時代には年四回、季節に合わせ服を替えていました。「〇〇〇」です。今は六月一日と十月一日、制服のある官庁、企業、学校では夏服と冬服を切り替えます。

問 96

薩摩藩の「島津〇〇」が写された日として、六月一日は「写真の日」に制定されました。日本写真協会が中心になって、表彰事業や写真文化の交流・拡大のイベント行事を行なっています。

問 97

鎌倉の「アジサイ」は、五月下旬頃から色づき始め、六月上旬から中旬頃に見頃を迎えます。特に、「○○院」・長谷寺・成就院は、「アジサイの三大名所」と呼ばれ見応えがあります。

問 98

格式では伊勢神宮につぐと言われる「○○神宮」ですが、年間約六十もの祭典が催されます。いちばん大きなお祭りは五日に行なわれる「例祭」で、天皇陛下の勅使も参向されます。

問 99

六日頃は二十四節気の一つ「○○」です。〝稲や麦などの穂が出る穀物の種をまく〟という意味で、農家が忙しくなる時期となります。

問 100

六月上旬には「加賀○○○まつり」が行なわれます。これは加賀藩の祖、「○○○」が1583(天正十一)年の六月に金沢城に入城したことに由来します。

問101

梅雨のある日本では、古来、着物に限らず家具や調度品、紙製品などを「○○○」することを、年中行事として行なってきました。

問102

1920（大正九）年に東京天文台と文部省の外郭団体である生活改善同盟会によって制定されたのが「○の記念日」です。時間の大切さを知ってもらうために設けられました。

問103

六月の第三日曜日は「○○○」です。アメリカ人女性が提唱し、日本では1980年代に広く国民に普及しています。贈り物の定番は、幸せの象徴とされる「黄色い○○」が多いようです。

問104

「○○」は六月の二十一日頃です。一年のうちで昼の時間がいちばん長い日。ただ、まだ梅雨の真っ最中なので、日照時間が長いことを実感しづらいかも知れません。

問 105

半年に一度の厄落としが六月末の「○○○の祓《はら》え」です。心身を清めお盆を迎える儀式としても定着しています。半年後の十二月末には、新年を迎えるための「年越しの祓え」があります。

問 106

この六月の祓えの日、各地の神社には「○○○くぐり」のための大きな輪が置かれ、これをくぐるとけがれを祓い、厄を落とすことができると伝えられてきました。

問 107

また、紙で人をかたどった「○○」に名前や年齢を書き、息を吹きかけ、半年間のけがれを移します。これを神社に納めたり、水に流したりして、残り半年の無事を祈る風習もあります。

問 108

六月二十六日は「○○○○の日」です。これも6・26で語呂合わせで制定されました。風呂好きの日本人なら、ぜひ近くの温泉施設に足を延ばして、ゆったりとくつろぎたいところです。

問 109

七月の旧暦名「文月」を読めますか？　由来は、七月七日の七夕に短冊に詩歌を献じたり、書物を夜風に曝《さら》す風習があるからというのが有力な定説となっています。

問 110

一日は富士山の「○○き」です（静岡県側は十日）。古来、霊山には神が宿ると言われ、修行のために一定の期間だけ入山することが許されていたのですが、それが元になっています。

問 111

同じく一日は本州のおもな海水浴場で海開きが行なわれます。沖縄県はもっと早く三月下旬。いちばん早いのは小笠原諸島の父島と母島で、何と「○月○日」です。

問 112

富士山を祀る神社は日本各地にありました。「富士○」と呼ばれる小山を作り、信仰の対象としたのです。ちなみに富士山の標高は「3○○6」メートルです。

問 113

京都の夏の風物詩・祇園祭は「○○神社」の祭礼で、七月一日から一か月にわたり行なわれます。京都三大祭、日本三大祭、日本三大曳山《ひきやま》祭などに入っている、日本を代表する祭りです。

問 114

祇園祭のハイライトは何と言っても「○○巡行」でしょう。十七日の神輿でお出ましになる神幸《しんこう》祭と、二十四日のご帰還になる還幸《かんこう》祭は多くの観光客でごった返します。

問 115

また、一日は「○○の日」です。鈴木三重吉が童話童謡雑誌『赤い鳥』を創刊した日を記念しています。子どもの頃に歌った多くの曲は心に沁み入るものがありますね。

問 116

三日頃は雑節の「○夏生」です。夏至から十一日後の頃で、農家の人たちはこの日までに田植えを終え、どんな天候不順な年でもこれ以降は田植えをしないという習慣があったそうです。

問 117

この時期、田んぼには数百種類の昆虫がいるとされています。昔、子どもの頃、よく目にしたのはメダカや「○○ガニ」、オタマジャクシ、カエル、「○○シ」などではないでしょうか。

問 118

中国から伝わった織女《しょくじょ》と牽牛《けんぎゅう》の「○○」と、日本の棚機津女《たなばたつめ》信仰が合わさって「七夕」の行事ができました。現在のようなお祭りになったのは江戸時代からです。

問 119

七夕飾りの一つに「○○の短冊」がありますが、青・「○」・黄・白・「○」の短冊に願い事を書いて吊るすと、書の腕が上達すると信じられています。

問 120

七夕が行なわれる七日頃は、二十四節気の一つ「○○」です。暑さが日増しに強まっていくのですが、梅雨の終わる頃なので、各地で集中豪雨が発生する時期でもあります。

問 121

上旬には日本各地で「○○○○市」が催されます。なかでも有名なのは九日、十日の東京浅草・浅草寺の境内に立つ市で、夏の風物詩として多くの人で賑わいます。

問 122

通称「那智の○○」で知られる熊野那智大社の例大祭「扇祭」は十四日に執り行われます。クライマックスは那智の滝前で大松明《たいまつ》の炎が乱舞する光景です。

問 123

1885（明治十八）年七月十六日、栃木県の「○○○駅」で日本初の駅弁が発売されました。梅干し入りのおにぎり二個と沢あんを竹の皮で包んだものでした。この日が駅弁記念日です。

問 124

二十三日頃は二十四節気の一つ「○○」。梅雨が明け、夏が来るこの時期は、本格的な暑さの季節ですが、暑さのピークはもう少し後でしょうか。

問 125

二十四、二十五日には、「○○○○」の命日にちなんだ天神祭が行なわれます。「大阪○○宮」を中心とした大阪市で行なわれる天神祭が有名。

問 126

土用の丑《うし》の日と言えば「うなぎ」。江戸時代、商いが苦しいうなぎ屋から相談を受けた学者「○○○○」が、この日に貼り紙をするよう助言したところ、大繁盛したのに由来するそうです。

問 127

うなぎばかりではありません。「う○○」や「う○○○」、「う○」など、うの字のつくものを食べると夏負けしないとの言い伝えもあります。

問 128

夏のうだる時期に暑中見舞いが届くと嬉しいものですが、これは梅雨明けから「○○」までの間に出します。それを過ぎると「○○見舞い」になります。

★八月の行事・風習・しきたり

問 129

八月の旧暦名「葉月」の読みは？　語源は、葉の落ちる月「葉落ち月」が転じて「葉月」になったとする説。北方から初めて雁が来る月なので、「初来月」から転じたとする説などが。

問 130

旧暦の八月一日のことを「八○」と言います。この頃、早稲《わせ》の穂が実るので、親戚や知人同士で贈り物をし合う風習がありました。「田の実」を「頼み」にかけています。

問 131

二〜七日には「青森ねぶた」が開催されます。青森のねぶたには大型ねぶたのほかに「○○ねぶた」、地域ねぶたがあり、大きさも一回り小さく、おもに町内会が運行します。

問 132

三日からは「秋田竿燈《かんとう》まつり」です。竿燈全体を稲穂に、連なる提灯を「○○」に見立て、額や肩などに乗せて練り歩き、豊作を祈ります。

問133

六～八日は「〇〇七夕まつり」が行なわれ、街中が七夕一色になります。この祭りは青森ねぶた、秋田竿燈と並んで東北三大祭りの一つです。

問134

七日頃に夏土用が明け、この日までに暑中見舞いを出す時期でもあります。また、夏土用に入って三日目が晴れれば農作物が「〇〇」、雨が降れば「〇〇」と言われています。

問135

八日頃には「〇〇」になります。まだまだ夏本番の暑さが続きますが、この日を境にして、朝晩が少しずつ涼しくなっていきます。

問136

全国に広がっている阿波おどりは「〇〇阿波おどり」が本家の盆踊りです。三味線や太鼓、鉦鼓《しょうこ》、篠笛《しのぶえ》などの伴奏にのって、連と呼ばれる踊り手の集団が踊り歩きます。

問 137

お盆は、七月に行なわれているところや、八月に行なわれているところがあります。「〇〇の霊」を迎え、供養する大切な伝統行事で、正月と並んで帰省する人が多い期間です。

問 138

迎え入れた霊を祀るために作った祭壇を「〇棚」と呼びます。台に真菰《まこも》などで編んだゴザを敷き、代々の位牌を鎮座させ、お供え物をのせます。

問 139

祭壇に馬の形をしたきゅうり、牛の形をした「〇〇」が飾られますが、霊は馬に乗り、牛に荷物を乗せてやって来るという言い伝えから作るものです。

問 140

お盆が始まる十三日の夕方には玄関先あるいはお墓で、オガラ（麻のくき）を焚きますが、これが「〇〇火」です。また、霊は盆提灯の明かりを目印に帰って来るとも言われています。

問 141

全国各地の公園や広場で様々な「○○り」がにぎやかに開催されます。もともとは先祖の霊を楽しませて供養し、送り返すための儀式でした。

問 142

十六日の夕方には、十三日のときと同じ場所でオガラを焚きますが、これが「送り火」です。京都の「○山送り火」はとくに有名です。

問 143

全国で行なわれている「○○流し」も送り火の一種です。しかし、この伝統行事も近年では川や海の汚染問題に配慮し、禁止しているところも増えてきています。

問 144

お祭りの楽しみはやはり「夜○」や「○台」でしょう。ヨーヨーや金魚すくいなどの遊び、焼きそばや綿飴、リンゴ飴などの買い食いは忘れられません。

問 145

祭りと同じように楽しみなのが、夏の風物詩「花火」です。花火は昔、種子島に「○○」と一緒に伝えられたということです。元々は、通信手段の「○○○」だったようです。

問 146

迫力満点に打ちあがる花火は豪快です。同時に今もときに「○○や～」「○○や～」とかかる声援は、江戸時代の花火師の屋号で、彼らの匠の技が引き継がれ、現代の夜空を彩っています。

問 147

多くの犠牲者を出した太平洋戦争は、日本が無条件降伏をして八月十五日に終わりました。この日を「○○○○日」として、亡くなった方々の霊を弔い、悲惨な過去を刻む日としました。

問 148

二十三日頃は二十四節気の一つ「○○」です。暑さがおさまるという意味で、厳しい暑さが峠を越え、朝夕は涼しい風が吹き始め、秋の気配を感じる頃です。

問 149

八月の旧暦名「長月」、読めますか？　由来は「夜長月」の略であるとする説が最も有力で、他に、「稲刈月」が「ねかづき」となり、それが転じてなったという説などがあります。

問 150

台風の多い日として暦に記されるようになったのが雑節の一つ「○○十日」で、立春から数えた日数で、だいたい九月一日頃になります。

問 151

1923（大正十二）年の関東大震災の教訓を忘れず、将来に生かそうと、1960（昭和三十五）年に制定されたのが一日の「○○の日」で、各地で避難訓練が行なわれます。

問 152

八日頃には二十四節気の一つ「○○」になります。草の葉にきれいな露が結ぶという意味です。日中はまだ暑さが残りますが、本格的な秋の到来が感じられる頃です。

問 153

十八日頃の満月の夜を「○○夜」、あるいは「○○の名月」と呼び、月をめでる習わしがあります。中国・唐の時代に行なわれていた風習が日本に伝わったものです。

問 154

この風習は江戸時代に五穀豊穣を願い、あるいは豊作を祝う行事となり、各地に広まりました。別名「芋○○」と呼ばれるのも収穫物に里芋が多く、お供えにしたからです。

問 155

この夜には魔除けの力があるススキや秋の七草、里芋や季節の収穫物をお供えしますが、欠かせないのは満月に見立てた「月見○○○」でしょう。

問 156

十五夜を迎える頃になると、今もよく口ずさまれている懐かしいわらべ歌『うさぎ』の歌詞です。

♪うさぎうさぎ「○○○○」はねる
十五夜お月さま　見てはねる♪

問 157

お年寄りを敬い、長寿を祝う日として定められたのが「○○の日」です。2002（平成十四）年までは「九月○○日」でしたが、次の年からは九月の第三月曜日になりました。

問 158

九月の第二土曜日には、大阪・岸和田で「○○○○祭」が行なわれます。曲がり角でスピードに乗った地車を方向転換させる「やりまわし」が祭りのハイライトです。

問 159

十五日、京都の「石清水○○○」では石清水祭が挙行されます。日本三大勅祭《ちょくさい》（勅祭とは天皇のお供え物を勅使が参向する祭り）の一つで、あとの二つは賀茂祭と奈良の春日祭です。

問 160

秋分の日が二十三日頃にきます。昼と夜の長さが同じになり、太陽が真東から昇り真西に沈むので、真西にある「○○○○」を想い、亡くなった人を偲ぶ日とされています。

★十月の行事・風習・しきたり

問 161

十月の旧暦名「神無月」の読み方です？　十月は全国の八百万《やおよろず》の神様が、出雲大社へ会議に出かけてしまうと考えられてきました。その為、神様がいない国では「神無月」と呼ばれます。

問 162

一方、全国の神様が出雲に集まり、神様不在のところがほとんどになってしまうのですが、出雲だけは別で「〇〇月」と呼ばれています。

問 163

ここで神様たちはいろいろな出来事を報告したり、来年のことを相談したりする会議を開きます。人の運命や結婚なども話し合われ、よって出雲大社は「〇〇〇の神」とされています。

問 164

出雲大社や神様が立ち寄る神社では神在祭が行なわれますが、神様の会議の邪魔にならないよう、地元の人は息をひそめて過ごします。そのため神在祭は「御〇祭」とも言われています。

問 165

神様たちが長期間、出雲大社に出張している間、地元を守るのが「○○神様」。その代表的な神様が七福神の一人「えびす様」です。

問 166

「長崎○○○」は長崎市の諏訪神社の祭礼です。七～九日に催され、「龍踊《りゅうおどり》」や「阿蘭陀《おらんだ》万才」「御朱印船」など南蛮文化の風合いを残した出し物が特色です。

問 167

八～十日まで、北海道の阿寒町では「○○○祭り」が行なわれます。阿寒湖で育つものが世界でいちばん美しいとされていますが、その生態は謎のベールに包まれています。

問 168

八日頃は二十四節気の一つ「○○」です。初秋に野草に宿る冷たい露のことで、この時期は本格的な秋の始まりになる頃です。そして空気が澄んだ秋晴れの日が多くなる季節です。

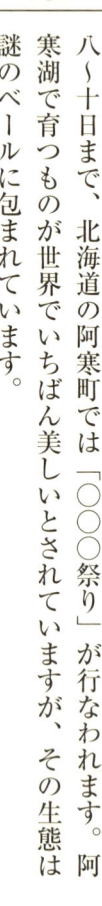

問169

各国を一つの郵便地域にすることを目的に万国郵便連合が1874（明治七）年に発足しましたが、それを記念して作られたのが「○○郵便デー」（十月九日）です。

問170

1964（昭和三十九）に開催された東京オリンピックを記念して制定されたのが「○○の日」です。開会式が行なわれた十月十日でしたが、現在は第二月曜日になっています。

問171

十月十日に東京オリンピックの開会式が行なわれたのは、暑くも寒くもない気候で、とくにこの日が晴天の確率が高い「晴れの○○日」だったからです。

問172

十五夜は中国から伝わり、十三夜は日本で生まれた習わしと言われています。どちらか一方だけの月見は「○月見」とされ、忌《い》み嫌われてきました。

問 173

十三夜は栗や豆をお供えするため「栗○○」とか「豆○○」と呼ばれることもあります。満月より少し欠けていますが、十五夜のつぎに美しい月とされています。

問 174

「○○祭」は宮中の祭祀で、十七日に天皇がその年の初穂を天照大御神に奉納する儀式です。同じ日には伊勢神宮でも行なわれ、皇室から勅使が遣わされます。

問 175

京都の「○○祭」は京都市の平安神宮の祭礼です。葵祭や祇園祭とともに京都三大祭りの一つですが、歴史がいちばん浅いお祭りです。

問 176

二十三日頃は二十四節気の一つ「○○」です。秋が深まり、朝晩の冷え込みが一段と厳しくなり、初霜の便りが届くのもこの頃です。

問 177

世界の平和と安全を守る目的で、１９４５（昭和二十）年、「国連○○」が発効し、国際連合が発足。これが二十四日の「国連デー」です。日本は１９５６（昭和三十一）年に加入しました。

問 178

十月下旬には東京・神田神保町界隈で「神田○○まつり」が開催され、本を愛する多くの人に支持されています。近年では海外からのファンも訪れます。

問 179

二十七日から二週間は「○○週間」です。始まりは１９２４（大正十三）年の「図書週間」でしたが、戦後、様々な組織や団体が参加し、現在の形になりました。

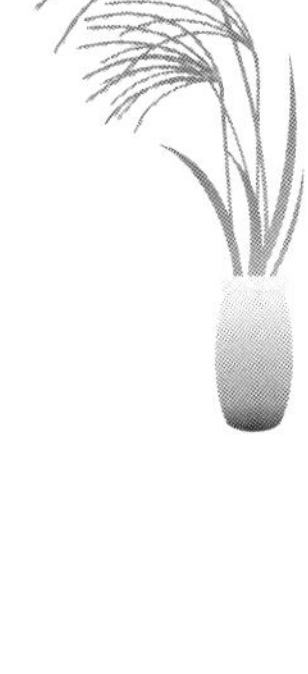

問 180

十一月の旧暦名「霜月」、読めますか？　由来は、「霜降り月」の略とする説が有力とされています。全国各地で稲の収穫を祝う「霜降祭」が行なわれています。

問 181

「唐津〇〇〇」とは佐賀・唐津市の唐津神社の祭りで、二日から始まります。漆喰《しっくい》で作られた巨大な曳山が笛・太鼓・鐘のお囃子に合わせた曳き子の掛け声とともに市内を練り歩きます。

問 182

「〇日」の文化の日は、日本国憲法が公布された日を記念し、定められました。「自由と平和を愛し、文化をすすめる」ことを趣旨としています。

問 183

この日、皇居宮殿・松の間では、科学技術や芸術などの文化の発展や向上に、めざましく貢献した人をたたえる「文化〇〇」の授与式が催されます。

問 184

七五三は、数え年で三歳と五歳の男児、同じく数え年で三歳と七歳の女児がこれからの健康と幸福を祈願するため、十一月十五日に神社に「お○○○」する伝統行事です。

問 185

この七五三は、子どもの成長を「○○様」に報告・祈願するということで、神社でお参りするのが一般的ですが、お寺でのお参りを選ぶ人も最近では増えているようです。ただ、作法が違うのでご注意を。

問 186

七五三に付きものの千歳飴ですが、「○」や「○」のおめでたい絵柄の袋に、細長い棒状の紅白の飴が入っていて、神社で買うのが普通です。健康長寿を願い、あとでみんなで食べます。

問 187

この季節、唱歌『紅葉《もみじ》』をよく歌ったのでは。歌詞、思い出せますか？

♪秋の夕日に照る山紅葉　濃いも薄いも数ある中に　松をいろどる楓《かえで》や蔦《つた》は　山の「○○○」の裾《すそ》模様……♪

問 188

八日頃は、二十四節気の一つ「○○」です。日中の陽射しも弱まって日も短くなり、木枯らしが吹き始めます。冬が近いことを感じさせる頃となります。

問 189

「○○夜」は旧暦の十月十日に行なわれる収穫祭で、稲刈りが終わり田の神が山に帰る日とされます。北関東を中心に甲信越から南東北にかけて広く伝えられています。

問 190

この日は、子どもたちが藁や縄で作った藁鉄砲を作り、集団で各家を訪れ地面をたたいて歩いたり、「○○○」を田から内庭に移し、お供え物をするなどの儀式を行ないます。

問 191

これに対応するのが西日本の習わしである「亥《い》の子」祭りです。「○」は多産なため、それにあやかり亥の子餅を作って食べたり、子どもたちが藁鉄砲で地面をついて回ったりします。

問192

二十二日頃は、二十四節気の一つ「〇〇」です。北国からは雪の便りが届く頃ですが、降ってもさほど多くないのでこう言われました。次第に冷え込みが厳しくなっていきます。

問193

二十三日の「勤労感謝の日」はもともと「〇〇祭」という名の祝日でした。天皇がその年に穫れた五穀を神様に奉納し、自らも食し、収穫を感謝する重要な宮中行事だったのです。

問194

しかし戦後、「〇〇〇」の政策で、天皇・国事行事から切り離されます。そして「勤労をたっとび、生産を祝い、国民たがいに感謝し合う」ことを趣旨とする勤労感謝の日となったのです。

問195

晩秋の三十日には千葉・香取神宮で「大〇祭」が挙行されます。これは東国三十三国の神々を招いて御馳走を振る舞う宴です。香取神宮ならではの特別な神饌《しんせん》・お供えが並びます。

問 196

十二月の旧暦名「師走」、読めますか？　師走は当て字で、語源は諸説あり、おもな説として、師匠の僧がお経をあげるために、東西を馳せる月と解釈する「師馳す」から。

問 197

二、三日と埼玉県の「○○夜祭」が開催されます。山車や冬の花火で知られていますが、京都の祇園祭、飛騨の高山祭と並んで「日本三大○山祭」の一つにも数えられています。

問 198

十二月三日は「○○○○○の日」です。1872（明治五）年のこの日、旧暦から新暦への移行がなされ、新暦の明治六年一月一日になったことにちなんでいます。

問 199

二十四節気の一つ「○○」は七日頃です。山だけではなく、平野にも雪の舞うときがある時期なので、そう呼ばれたものです。クマが冬眠に入ったり、ブリ漁が賑わうのもこの頃です。

問 200

十二月十三日は「正月○○○○の日」です。この日から正月を迎える準備にとりかかります。昔は松迎えと言い、この日に門松用の竹や、お雑煮を炊く薪にする木を山に採りに行きました。

問 201

この十三日の準備で、まずしなければならないのが「○払い」です。これは単なる大掃除ではなく、年神様をお迎えするために家を清浄な場にする神聖な行事なのです。

問 202

餅つきも大事な準備です。ただ、二十九日など九がつく日は「苦持ち」として嫌われ、大晦日《おおみそか》につく「○○もち」も、あわただしさが通夜の支度を連想させると避けられました。

問 203

「○○日」は年賀状受付開始の日。また、年賀はがきの発売は十一月一日からになっています。ちなみに今のようなお年玉付き年賀はがきは1949（昭和二十四）年から登場しました。

問 204

浅草・浅草寺の年末の風物詩「○○○市」は十七〜十九日に行なわれます。歳末にたつ「歳の市」が始まりで、現在でも当日の仲見世通りは大変な人出になります。

問 205

一年のなかでいちばん昼が短く、夜が長い日が冬至です。冬至の日には「○○湯」に入ったり、かぼちゃや小豆粥を食べたりすると、風邪をひかないと言い伝えられています。

問 206

1958（昭和三十三）年十二月二十三日には、東京タワーが完成しました。高さは「○○○メートル」で、長い間、東京の観光名所、シンボルとして君臨していました。

問 207

二十八日は仕事納めです。官公庁がこの日に終えるので、他の多くの会社もこの日の前後に一年の仕事を終えます。このことを「○○納め」とも言います。

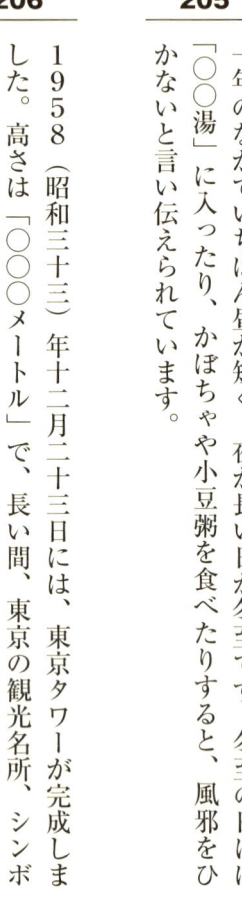

問 208

大晦日の晩、秋田・男鹿では「○○○○」が「泣く子はいねがー、親の言うこど聞がね子はいねがー」と大声で叫びながら、各家々をまわります。それを各家では丁重にもてなします。

問 209

大晦日の過ごし方ですが、家族で炬燵《こたつ》にあたりながら年越しそばやみかんを食べ、「○○○○○」を見、遠くから響く除夜の鐘を聞くというのが一般的だったのではないでしょうか。

問 210

大晦日に年越しそばを食べるのは江戸時代からの風習です。そばが細く長いことから「○○」を願ってのことです。ちなみに十二時までに食べないと縁起が悪いそうです。

問 211

人間には「○○つ」の煩悩があり、大晦日にその数だけ鐘をつくと取り払うことができると言われ、これが除夜の鐘ですが、旧年中につき終わらず新年になって最後の一回をつくそうです。

解答

★一月の行事・風習・しきたり

1 むつき
2 十干十二支《じっかんじゅうにし》
3 卯　午　酉
4 元旦　元旦　旦
5 数え年
6 お屠蘇《とそ》
7 お餅

8 橙《だいだい》
9 門松
10 獅子舞
11 氏神様
12 二回　二回
13 無病息災
14 おかめ　ひょっとこ
15 三茄子　徳川家康
16 書き初め　迎春
17 達磨《だるま》大師
18 左目　右　右目
19 小寒　寒の入り
20 ごぎょう　すずしろ

21 十一日
22 110番の日
23 大正月　小正月
24 元服　髪上げ
25 薮入り
26 大寒

★二月の行事・風習・しきたり

27 きさらぎ
28 節分
29 一つ
30 成田山新勝寺　福は内
31 福豆　福茶

32 恵方巻き
33 やいかがし（焼い嗅がし）
34 立春
35 さっぽろ雪まつり　大通公園
36 春一番
37 初午　伏見稲荷大社
38 おきつねさん
39 こんにゃく
40 紀元節
41 かまくら
42 雨水《うすい》
43 猫の日
44 うるう年　大統領選挙

★三月の行事・風習・しきたり

45 やよい
46 人形
47 江戸時代
48 内裏《だいり》びな　左 右
49 三人官女　小鼓《こつづみ》 笛
50 はまぐり　ひしもち
51 啓蟄《けいちつ》
52 修二会《しゅにえ》　五穀豊穣
53 雲仙
54 ぼたもち
55 暑さ寒さも彼岸まで
56 此岸　極楽浄土

★四月の行事・風習・しきたり

57 うづき
58 清明《せいめい》
59 せまい日本
60 梅
61 農村
62 吉野山
63 ソメイヨシノ
64 仏生会《ぶっしょうえ》
65 数え年
66 嵐山　虚空蔵《こくうぞう》菩薩
67 穀雨《こくう》
68 みどりの日

★五月の行事・風習・しきたり

69 さつき
70 立春　新茶
71 煎茶　一番茶
72 玉露
73 国民主権　平和主義
74 博多どんたく
75 端午の節句
76 武運長久
77 五行説
78 牛若丸　鐘馗《しょうき》
79 柏餅
80 ちまき
81 菖蒲《しょうぶ》
82 立夏《りっか》
83 愛鳥週間
84 葵祭　京都三大祭
85 神田祭
86 五月十五日
87 小満《しょうまん》
88 ごみゼロの日

★六月の行事・風習・しきたり

89 みなづき
90 入梅
91 じゃのめで
92 気象庁　北海道
93 稲作
94 オホーツク海高気圧
95 衣替え
96 島津斉彬《なりあきら》
97 明月院
98 熱田神宮
99 芒種《ぼうしゅ》
100 加賀百万石まつり　前田利家
101 虫干し
102 時の記念日
103 父の日　黄色いバラ
104 夏至《げし》
105 夏越《なご》しの祓《はら》え
106 茅《ち》の輪《わ》くぐり
107 形代《かたしろ》
108 露天風呂の日

★七月の行事・風習・しきたり

109 ふみづき
110 山開き
111 一月一日
112 富士塚　3776
113 八坂神社
114 山鉾《やまほこ》巡行
115 童謡の日
116 半夏生《はんげしょう》
117 ザリガニ　タニシ
118 星合《ほしあい》
119 五色の短冊　赤　黒
120 小暑《しょうしょ》
121 ほおずき市
122 那智の火祭
123 宇都宮駅
124 大暑《たいしょ》
125 菅原道真　大阪天満宮
126 平賀源内
127 うどん　うめぼし　うり
128 立秋　残暑見舞い

★八月の行事・風習・しきたり

129 はづき
130 八朔《はっさく》
131 子供ねぶた
132 米俵
133 仙台七夕まつり
134 豊作　凶作

135 立秋

136 徳島阿波踊り

137 先祖の霊

138 盆棚

139 なす

140 迎え火

141 盆踊り

142 五山送り火

143 灯籠《とうろう》流し

144 夜店　屋台

145 鉄砲　のろし

146 たまや～　かぎや～

147 終戦記念日

---

148 処暑《しょしょ》

★九月の行事・風習・しきたり

149 ながつき

150 二百十日

151 防災の日

152 白露《はくろ》

153 十五夜　中秋の名月

154 芋名月

155 月見だんご

156 なに見て

157 敬老の日　九月十五日

158 だんじり祭

---

159 石清水八幡宮

160 極楽浄土

★十月の行事・風習・しきたり

161 かんなづき

162 神在《かみあり》月

163 縁結びの神

164 御忌《おいみさい》祭

165 留守神様

166 長崎くんち

167 まりも祭り

168 寒露《かんろ》

169 世界郵便デー

---

170 体育の日

171 晴れの特異日

172 片月見

173 栗名月　豆名月

174 神嘗祭《かんなめさい》

175 時代祭

176 霜降《そうこう》

177 国連憲章

178 神田古本まつり

179 読書週間

★十一月の行事・風習・しきたり

180 しもつき

★十二月の行事・風習・しきたり

第 二 部

人生の節目の儀式・習わし

全104問

ゆりかごからお墓まで——子どもの成長を祝い、嬉しい出来事は喜びあい、悲しみのときには思いやり、苦しみのときには見舞う、そして死を悼む。昔から大切にされた儀式が人生の喜怒哀楽を彩ります。なお、解答の○には、漢字でもひらがなでも正解とします。

常識度テスト　自己採点しましょう

- 80問正解 …… ★★★　大変よくできました
- 60問正解 …… ★★☆　よくできました
- 40問正解 …… ★☆☆　もう少し頑張りましょう

★祝う
——誕生、結婚、長寿の儀式・習わし

問1

日本では、妊娠「○か月目」の戌《いぬ》の日に、お祝いとして妊婦がさらしの腹帯を巻くしきたりがあり、今日も続いています。戌の日なのは、お産の軽い犬にあやかってのことです。

問2

前問のこの帯は別名「○○○」とも呼び、赤ちゃんが岩のように頑丈な体で健康に育つようにとの願いが込められています。紅白の絹二筋と白木綿一筋を重ねて巻きます。

問3

赤ちゃんが生まれて七日目のお祝いが「○○○」です。昔は衛生や栄養事情が悪くて生後間もなくの死亡率が高く、一週間たてば一安心とお祝いし、無事に成長することを祈願したのです。

問4

また、この日までに赤ちゃんの名前を決めておき、命名書を神棚や床の間などに一か月ほど飾りますが、神様に報告する意味もあるので、できるだけ「○○○○」に貼りましょう。

問 5

出生届けも忘れてはなりません。届けは出産当日を一日目として、「○○以内」に手続きします。これを過ぎると簡易裁判所に書類提出をするなど、煩雑《はんざつ》になりますので気をつけます。

問 6

生後一か月頃に、氏神様に子どもの誕生を報告し、健やかに成長するように祈るのがお宮参りで、「○○参り」とも呼ばれ、その土地の守り神である「○○神」に参拝します。

問 7

お宮参りの赤ちゃんには白羽二重の着物を着せ、紋付の祝い着を上からかけます。そして、赤ちゃんは「○親」の母が抱くのが昔からの習わしでした。

問 8

赤ちゃんに歯が生える一○○日頃、一生食べ物に困らないようにと願いを込めた儀式がお食い初めです。近親者のなかで「○○」の人が赤ちゃんに食べ物を食べさせるまね事をします。

問 9

お食い初めのお膳の内容はいろいろですが、赤飯に一汁三菜が基本です。汁の実には鯛や鯉を使います。歯固めに「○○」をそえる習わしもありました。

問 10

赤ちゃんが生まれて初めての節句を初節句と言います。女の子は三月三日、男の子は五月五日にお祝いします。両家の「○○○」を招いて、お祝いの膳を囲みましょう。

問 11

節句が終わったら、できるだけ早めに片づけるようにしましょう。女の子は、雛《ひな》人形を出しっぱなしにしておくと、「○○」が遅くなるという言い伝えがあります。

問 12

日本では昔から、初めての誕生日を祝うのがしきたりでした。一升分のもち米でつくった「○餅」を背負わせたりして、立って歩き始めようとしている幼子の将来を祝福したのです。

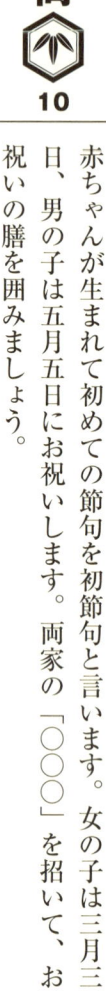

問13

七歳になったのを祝う行事は全国にありました。赤ちゃんから「○○○」に成長したのを祝うと同時に、今後の順調な成長も祈願したのです。七五三（第一部を参照）が代表的な行事です。

問14

入学は子どもが新しい社会に踏み出す第一歩。とくに小学校入学は大きな節目で、温かくお祝いしましょう。その際、第一子と二子、「○孫」と「○孫」などで差をつけないようにします。

問15

中学校を卒業して高校へ、また高校を卒業して大学や専門学校に進学する場合は、まだ学生生活が続くので「卒業○○」は必要ありません。ただ、家族や親しい人からは贈られるようです。

問16

日本ではもともと、誕生祝いは「○誕生」だけを祝いました。しかし、明治以降、欧米の風習が取り入れられ、これが広まり毎年誕生日を祝うようになったのです。

問17

誕生日の祝い方はいろいろですが、一般的なのは、親しい人を招き「〇〇〇〇〇カード」や贈り物を交換したり、ケーキの上に年の数だけ立てたローソクの火を吹き消す、などでしょう。

問18

「日本国〇〇」には「婚姻は、両性の合意のみに基いて成立し、夫婦が同等の権利を……」と記されています。男性と女性の合意のみで結婚が成立するのです。

問19

しかし、民法上で規制があります。男は「〇〇」歳、女は「〇〇」歳以上。「〇〇」歳までは父母の同意が必要。「重婚の禁止」、「直系血族や三親等内の傍系血族とは禁止」などです。

問20

奈良・平安時代には男性が夜な夜な女性のもとを訪れました。そして女性の親に認められ、子どもができると母方で養育されました。これが「〇入り婚」です。

問21

鎌倉・室町時代になると、婚後の住まいを婿方におく「○入り婚」が一般にも広まります。そして同時に「○」や男性を中心にした婚姻の考え方が強まっていきました。

問22

明治時代までには、各村々に若者組や娘組という年齢集団があり、成人した男女が参加しました。男女交際の場になり、結婚へと進むことも。今で言う「合コン○○」の場であったのかも。

問23

昔ながらの「お○○○」が根強い人気です。相手の生活環境がだいたいわかる、結婚を前提とするので話が早く進む、第三者の冷静な判断が加わる、などの合理性がメリットのようです。

問24

縁談に必要な書類は、履歴書、身上書（健康状態や趣味を書いたもの）、「○○書」、写真です。書類はパソコンで入力したものでなく、自筆で書いたものを用意しましょう。

問25

若い男女の未婚率の増加、人口減少問題を抱える日本では、地方自治体や地域の商工会議所など様々な団体が、男女の「○○○○○」を提供し、カップル誕生への行事を開催しています。

問26

いよいよ結婚へとなったときは「○○」を交わします。そこで行なわれるのが、結納の儀式です。仲人が新郎新婦両家を行き来するのが正式ですが、最近ではホテルなどで済ませます。

問27

地域により形式が異なる結納ですが、「関○」では同じ日に男女双方が結納品を交換します。「関○」では男性側が結納品を女性側に渡し、女性側は受書《うけしょ》のみを用意します。

問28

結納品は正式には九品目あります。それぞれが縁起をかついだ品目で、家内安全や「○○」、夫婦円満、子孫繁栄などを願う意味を持っているのです。

問 29

結婚を誓う方法には結納はもちろんですが、婚約指輪や婚約記念品の交換なども。男性から女性へは指輪が一般的、石はダイヤモンド以外には、相手女性の「○○石」がよく使われます。

問 30

縁談から見合い、結納、挙式、そして結婚の後まで、様々な世話をするのが仲人です。この仲人とは違って、「○○人」は結婚式の立会人で、式当日だけの世話をします。

問 31

本来、婚礼は「○○吉日」に行なわれる儀式でしたが、今では「お○○」にこだわらない傾向があります。ただ、年末年始やお盆、連休など、人が慌ただしくなる時期は避けましょう。

問 32

近年のカップルはキリスト教式結婚式で式を挙げることが多くなりました。当人たちが信者でなければ、同じキリスト教でもカトリック式でなく、「○○○○○○○」式で行ないます。

問33

神前結婚式は昔ながらの一般的な結婚式と言えるでしょう。神前で「〇〇〇度」の盃を交わすのが特徴です。挙式に参列するのは原則として親族だけとされています。

問34

「仏前結婚式」や「〇〇結婚式」というのもあります。前者はお寺や自宅の仏壇の前で行なわれます。後者は神仏ではなく、両親や親族、親しい友人の前で誓いを立てる挙式です。

問35

招待客が確定したら、披露宴に出席してもらいたい旨を連絡し、遅くとも挙式の「〇か月前」には届くように、招待状を発送しましょう。

問36

婚礼衣装の正装は、和装の場合、新郎は黒紋付・羽織・袴《はかま》です。新婦は白無垢《むく》、あるいは色打掛で、頭には「〇〇し」をつけます（綿帽子をつけるのは白無垢のときだけです）。

問37

洋装の場合、男性はモーニングコートが昼の正礼装、「○○服」（テールコート）やタキシードが夜の正礼装です。女性は白のウェディングドレスを着用します。

問38

招待状に「○○でお越しください」と書かれていたらどうしますか？これは普段着という意味ではありません。略礼服という意味なので、スーツやワンピースを着ていくのが無難です。

問39

披露宴のスピーチでは「○○言葉」は禁句です。終わる、別れる、切れる、割れるなどは離婚を連想しますし、いろいろ、しばしば、かえすがえす、などの重ね言葉は再婚を連想させます。

問40

昔は、披露宴は自宅を開け放って催されました。その席では親族の長老や媒酌人が祝言謡《しゅうげんうたい》を披露し、能の一つである「○○」を吟じたものです。

問41

婚姻届は本籍地または在住の市区町村役場に提出します。届けには本人達と保証人「〇名」の署名捺印《なついん》が必要になりますので、保証人になられる方に、あらかじめお願いしておきましょう。

問42

結納品は挙式までは床の間に飾っておき、挙式後は記念にとっておくか、保管場所がない場合などは、「〇〇」に奉納します。鰹節や昆布などの食品は傷まないうちに使いましょう。

問43

家を新築する場合、まずその土地の神様に作業の安全を祈るため、基礎工事に着手する前に、「〇〇祭」という儀式を行ないます。超現代的なビルを建てる場合も同じです。

問44

新築する家の骨格になる部分の組み立てが終わり、最後に棟木《むなぎ》を備え付けるときに「〇〇式」を行ないます。これは建物の守護神と匠《たくみ》の神を祀って、棟梁《とうりょう》や大工が神を祭るお祝いです。

問 45

完成した家に引っ越すことを昔は「家○○」と呼びました。そして親戚や近所の人たちを招き入れお祝いをしました。招かれた人は家を精一杯賞賛しました。これが「家○○」です。

問 46

職場で昇進祝いや「○○祝い」をするとき、職場にはそれぞれの立場の人がいて、単純に「おめでとう」とはいかないものです。個人で先走りせず、職場主導で行なうようにしましょう。

問 47

職場の人が退職されるときは、これまでの感謝の気持ちと健康を気遣う言葉とともに「○○」を渡します。職場にはいろいろな事情がありますから、大げさにしないことが大切です。

問 48

「○○」とは、十干と十二支の組み合わせが、六十一年目にもとの干支《えと》に戻ること。つまり赤ちゃんに戻るということから、赤いちゃんちゃんこや頭巾をお祝いに贈るのがしきたりでした。

問 49

長寿の本格的なお祝いは古希からでしょう。古希は「人生○○古来稀《こらいまれ》なり」という中国唐時代の詩人・杜甫の詩「曲江《きょくこう》」に由来します。

問 50

米という漢字を分解すると「○○○」になることから、この年が米寿となりました。米寿は「よねの祝い」とも呼ばれ、親戚やご近所に餅を配る風習があります。

問 51

多大な功績を残した人に贈られる賞・章ですが、「受賞」は民間団体から受けるときに使い、「受章」は国が年二回授ける「○章」や「○章」を受けるときに使います。

問 52

大きな賞・章を受けたときには、報告とお礼をするためのパーティーを開催するのが慣例です。主催者が本人の場合は「○○の会」、発起人がいるときは「祝賀会」などの名称になります。

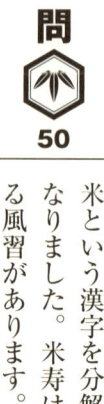

★見舞う・悼む
――病気、葬儀、法要の儀式・習わし

問 53

「○○災害」や火災など、その人の財産を失うような非常事態には、すぐに駆けつけて、お手伝いをするのが何よりです。何かを送る場合は、今何がいちばん必要かを直接聞きましょう。

問 54

「○○見舞い」の場合、知らせを聞いてすぐに駆けつけるのではなく、少し時間をおき家族に状態を聞き、行ってもいいと確認できてからのほうが、先方も見舞客と安心して応対できます。

問 55

お見舞いの品で避けたいのは「○○○の花」です。「根付く」や「寝付く」を連想させるからです。また、子ども連れや大勢で押しかけるのもやめましょう。

問 56

昔から大厄の厄年（数え年で男性が「○○○歳」か女性が三十三歳のとき）は、健康問題や家庭に凶事、災難が降りかかるとして、多くの人が神社やお寺で厄祓い、厄除けを受けています。

問57

日本人も世界の各民族と同様に「○魂」の存在を信じていました。古代から死者の魂は他界に行くと、多くのところで信じられていたのです。神道では高天原《たかまがはら》、仏教では浄土などです。

問58

古墳とはその地の「○○」や天皇、皇族などが、土を盛って作った巨大な墳墓で、権勢を誇ります。庶民が現在の墓を建てるようになったのは、江戸中期の頃からと言われています。

問59

その古墳もだんだんと衰退していきます。その理由の一つに、大陸からの仏教の伝来があります。仏教では「○葬」が正葬なので、だんだんと上流階級から広まり、今日に至っています。

問60

江戸時代、出生や死亡は全て寺に届け出ることに。この「○○制度」は幕府が全国支配をするのにとても重要な役割を果たしたのです。お寺さんではこの形が今に残っています。

問61

人が息をひきとるときに近親者たちが新しい筆の穂先か、脱脂綿に水を含ませ、唇をうるおす習わしがありました。これを「○○の水」をとるとか「死に水」をとると言います。

問62

息をひきとったあとは、遺体は「○枕」に置かれます。これはお釈迦様が入滅したときに、そのような体勢で横になったことに由来すると言われています。

問63

家から死者が出ると、けがれを避けるために、神棚は扉を閉ざし、正面に白い紙を貼ります。また、家の玄関、戸口には竹のすだれを裏返しに掛け、「○○札」を貼ったものです。

問64

通夜・葬儀の「○○」は、個人に最も近い人がなります。夫が亡くなったときは妻（配偶者）が、配偶者が亡くなっているときには子どもが、という順になります。

問65

三途の川とは、「○○」に向かう死者が、死後「○日目」に渡るという川です。三つの瀬があり、生前の行ないや業によって渡るところが違うと言われています。

問66

様々な香料を練り合わせて作った「○○」は、火をつけると芳香を出し、葬祭儀式で汚れやけがれを祓《はら》うものとして、仏教とともに伝えられました。

問67

香典袋の表書きですが、どんな宗教でも使える表書きは御霊前です。ただ、蓮の花の絵がついている袋は、「○教」にしか使えませんので注意が必要です。

問68

キリスト教式の香典袋の表書きは「御霊前」や「御花料」などです。袋ですが、「○○の花」や「十字架の絵」が印刷されているものなど、いろいろな種類があります。

問69

神式のときの香典袋の表書きは「御神前」「御○○○」「御榊料《おさかき》」「御霊前」などを使います。袋は無地に白黒、もしくは双銀の水引のものなどを用います。

問70

焼香が終わった後の「通夜○○○○」は、遺族の謝意の表れです。遺族にすすめられたら、少しでも飲食するのが決まりです。ただし、長居はし過ぎないように。

問71

葬儀と告別式は本来、別の儀式です。故人が無事に「○○」できるように残された人が読経・念仏をすることが前者で、後者は弔問客が焼香をして最後の別れをする儀式のことです。

問72

「○○場」へ行くのは遺族や親族など、親しい人たちだけです。同行を希望するときはあらかじめ了解をとりましょう。また、同行しない場合は、できるだけ出棺を見送るのがマナーです。

問 73

葬儀が全て終わったら、「○○落とし」の席を設け、僧侶や弔問客、世話役（受付や案内係などを手伝ってくれた人たち）の労をねぎらうのが常です。

問 74

仏教では死者は仏の弟子になったとみなされ、菩提寺から名前を与えられます。それが「○○」です。本来は修行を行なった人に与えられるものでした。

問 75

亡くなった人が使っていた品を遺族や親族、親しい友人などに記念として渡すのが「○○○○」です。渡す時期は四十九日の忌明け。相手が喜んでくれる品を選ぶのが大切です。

問 76

葬儀が終わったら、自宅に安置してある遺骨をお墓に納骨します。納骨とはもともと遺骨を納骨堂に納めることで、お墓に納めることは「○骨」と呼びました。

問 77

法事は「法○」とも呼び、故人の冥福《めいふく》を祈る行事です。最近では、初七日は葬儀の当日に行ない、その後一周忌までは「○○○日」の法事だけを行なうのが一般的になりました。

問 78

百回忌まである仏式の法事ですが、親族や友人などを呼んで行なうのは「○回忌」くらいまでが多いようです。また、「○○○回忌」で一応の区切りをつけるのが恒例です。

問79

昔、親族は「本家」と「○○」という関係を中心に、独特なまとまりがありました。暮れや正月の挨拶、祝い事、法事などでしきたりを守り、折り目正しく行なわれるのが慣例でした。

問80

本家を中心とする親族のお付き合いは、基本的には武家社会の秩序に基を置いたものですが、茶道や華道、日本舞踊などの「○○制度」などにも見られます。

問81

年始の挨拶ですが、元日は家族・親族でゆっくりするものです。よって二日から「○日」までの松の内にします。夜の訪問は避けましょう。

問82

親族の遠近関係（二親等、三親等など）による差は、今でも企業の「○○規定」（忌引きの日数や金額など）などにおいて、親等の違いではっきりと差を設けています。

問83

隣近所と言えば、家族が最も日常的なお付き合いをする範囲です。その範囲は「向う〇〇〇〇」で、せいぜい五、六軒のものでした。

問84

町内会はもともと「〇〇組織」で、行政組織ではありません。しかし、現在では行政の補助的な役割も分担されているところも多いのが現状で、加入率の低下も問題になっています。

問85

お中元とお歳暮は「〇」になった贈答ですから、片方だけ贈るということのないようにするのが習わしでした。現在では相手との関係の深い浅いにより、片方だけでもいいようです。

問86

先方が喪中のときは「〇〇〇」は送らないようにしますが、喪中であることを喪中葉書で知った場合は、書状をいただいたお礼とともに、お悔やみの言葉などを添えて返信しましょう。

問 87

出産や新築、病気快癒などのさいに、親族やごく親しい知人の間に、喜びを分かつ意味で祝いの品を贈るのが「○○」です。相手からお祝いをもらう・もらわないに関係なく贈ります。

問 88

祝儀袋の右上についている「のし」は、本来「のし○○○」のことです。贈答品が鮮魚や鰹節のときや、弔事、病気見舞い、災害見舞いのときは「のし」をつけません。

問 89

祝儀袋や不祝儀袋は「○○○」に包んで持参し、渡すときに取り出すのが美しいマナーです。これには色や種類がいくつかありますが、紫は慶事でも弔事でも使え、一つあると重宝です。

問 90

先方に着き部屋に通されたら、出入り口近くの下座で挨拶を交わし、ここで手みやげを渡します。ただ、野菜や魚肉類、生花などは「○○」で渡しましょう。直接台所へという気遣いです。

問 91

お裾《すそ》分《わ》けは「お○分け」とも言います。いただいたほうは、お返しの印として、お盆か器の上に二枚重ねの半紙を二つに折ってのせて返すか、マッチ一本をのせて返すかしたものです。

問 92

お辞儀は最敬礼、敬礼、「○○」の三つに分けられます。どれも丁寧に見えることが大事で、静かにゆっくりとすればきれいに見えるものです。

問 93

初対面同士の間に入って人を紹介するときは、先に「○○」の人を「○○」の人に紹介するのが決まりです。また、紹介の際、本人が嫌がることや、いきなり年齢の話などはタブーです。

問 94

正式な「○○」を身につけていないと、お茶やお菓子など出されたとき、キチンとできるか不安ですが、丁寧な所作・動作を心がけていれば問題ありません。

問 95

茶会などの席に招かれたら「〇〇」は必ず懐に入れておきましょう。普通のお宅にお邪魔したときにも口元や指先をふいたり、残ったお菓子や果物を包んだりと、とても重宝します。

問 96

握手を求めるのは目上の人からです。握手は元もとは西洋のマナー。欧米では女性が手を出すのを待ってからします。また、注意することは握手をしながら「〇〇〇〇ない」ことです。

問 97

手書きで手紙を書く場合、目上の人に出す場合や格式ばったときは「〇〇き」にするのがしきたりです。数字も漢数字を使います。便箋《びんせん》は白無地にしましょう。

問 98

正式な手紙は、前文（〇語・時候の挨拶）、主文（用件）、末文（結びの挨拶）、後付（結語・日付・〇名・宛名）に分けられていますので、これに沿って筆を運びましょう。

問99

手紙やはがき、メールを出す場合、宛名には「様」を使うのが決まりです。ただし、目上の人から目下の人に出す場合、「殿」を使うこともあります。会社宛なら「○○」を使います。

問100

通常、改まった手紙は「○○○」を使い、色もブラックかブルーブラックにします。文字を間違えたら修正液などで消さず、書き直すのが礼儀です。

問101

敬語を上手に使える人は、文面に上品さがにじんでいます。その敬語には「尊敬語」「謙譲語」「○○語」の三種類があり、ときと場合に応じ、使い分けます。

問102

尊敬語は相手を上に置きうやまう言葉で、謙譲語は自分を下に置きへりくだる言葉です。では「申し上げます」はどちらの言葉でしょう？

問 103

結婚披露宴や祝賀会に招待されたものの、都合があわず出席できない場合は、「〇〇」で気持ちを伝えます。遅くとも開始の三時間前には届くようにします。

問 104

贈答品へのお礼状はすぐに出すようにします。夫の会社関係への礼状を妻が代筆した場合、夫の姓名の横に小さく「〇」を入れるのが習わしです。

解答

★祝う——誕生、結婚、長寿の儀式・習わし

1 五か月目
2 岩田帯
3 お七夜
4 高い位置
5 十四日以内
6 産土《うぶすな》参り　産土神
7 父親
8 長寿
9 小石
10 祖父母
11 婚期
12 鏡餅
13 子ども
14 内孫　外孫
15 卒業祝い
16 初誕生
17 バースデーカード
18 日本国憲法
19 十八　十六　二十
20 婿入り婚
21 嫁入り婚　家
22 合コン婚活
23 お見合い
24 家族書
25 出会いの場
26 婚約
27 関東　関西
28 長寿
29 誕生石
30 媒酌人
31 大安吉日　お日柄
32 プロテスタント
33 三三九度
34 人前結婚式
35 二か月前
36 角隠し
37 燕尾《えんび》服
38 平服でお越しください
39 忌《い》み言葉
40 高砂
41 二名
42 神社
43 地鎮祭
44 上棟《じょうとう》式
45 家移り　家誉め
46 栄転祝い
47 花束

★見舞う・悼む──病気、葬儀、法要の儀式・習わし

★思いやる──お付き合い、贈り物、おもてなしの儀式・習わし

96 **頭を下げ**ない

97 **縦書**き

98 **頭**語　**署**名

99 **御中**

100 **万年筆**

101 **丁寧**語

102 **謙譲語**

103 **祝電**

104 **内**

第三部

暮らし（衣・食・住・神事・仏事）のなかでの歴史・風習・しきたり

全140問

朝起きてから床につくまで――当たり前すぎて、気にもかけずにいる暮らしのなかの習わしや習慣に、先人から受け継いだ生活の知恵がいくつもひそんでいます。なお、解答の○には、漢字でもひらがなでも正解とします。

常識度テスト　自己採点しましょう

- 110問正解……★★★　大変よくできました
- 80問正解……★★☆　よくできました
- 50問正解……★☆☆　もう少し頑張りましょう

問1

日本にまだ綿がない時代には、衣服に欠かせない原料だったのが「○」でした。繊維が非常に強い素材なので、衣服のほか蚊帳《かや》や縄、綱、暖簾《のれん》などにも使われています。

問2

ほかの繊維に比べ、非常に細く長く美しい光沢を放っているのが「○」ですが、それは「○」がはき出す糸から作ります。原産地は中国で、日本には三～四世紀に入って来ました。

問3

「○○」の栽培・加工が日本で行なわれるようになったのは、十六世紀中頃からです。肌触りがよく、染色が簡単で織りやすく、明治になると大きな紡績工場がいくつも造られました。

問4

日本の仕事着で田んぼや畑仕事に欠かせないのが「○○着」です。山仕事の場合は山着。工場労働者の仕事着を「○○着」と言うようになったのは明治の近代化以降でした。

問 5

江戸時代は華美なものに対する禁令が多く、表地を派手にすることができなかったため、裏地や「○○」に凝《こ》る習慣ができます。縮緬《ちりめん》や更紗《さらさ》などの贅沢《ぜいたく》な布地が使われました。

問 6

足袋《たび》はその昔、足首の部分をひもで結ぶ形でしたが、江戸中期になって「○○○掛」やボタン掛になりました。底がゴムの「○○足袋」が作られたのは大正時代になってからです。

問 7

一枚の布で仕立て、裏地の付いていない着物を「○」と言います。仕立ては簡単で、洗濯もしやすく、庶民の普段着として重宝がられました。

問 8

裏地が付いた着物を「○」と言います。暖かいうえに表と裏の色使いを楽しむことができ、裏地に凝るというのが粋な流儀だとされた時代があります。

問 9

帯は江戸時代に入り、小袖が衣服の中心になることによって発展しました。表裏とも同じ布の帯を「○帯」、表裏異なる布で仕立てたのを「腹《はら》合《あわ》せ帯」とか「昼夜帯」と呼びます。

問 10

奈良時代には中国から入ってきた「○○」がありましたが、平安時代の前期には、日本独自の「扇」が発明され、ヨーロッパにまで影響を与えました。

問 11

扇の使われ方は多種多様です。涼を取るのはもちろん、能や舞踏、講談や落語などの芸能の道具としても欠かせませんし、扇を投げて的に当てる「投扇○」などの遊びにも使われました。

問 12

裃《かみしも》は江戸時代に武士の公服となります。上衣（肩衣）は袖がなく肩で着ます。下衣は長袴か半袴（裾が床までの長さ）で、長袴は「○○武士」、半袴は一般武士というのがしきたりでした。

問 13

平安時代に貴族が好きな模様を服に織り込んだのが始まりという「○付」は、武家の時代では敵味方を区別する模様になり、江戸時代には町人までも付けることが流行したそうです。

問 14

裃はやがて庶民が着ることにも許しが出ます。「○○」以降は公服としては廃止されますが、民間の結婚式や葬式などで今でも着用する風習が残っている地方もあります。

問 15

古くから「○○」を用いる履物として一般に使われたのが、足をのせる部分に木を使った下駄、草や樹皮などの柔らかい素材を使った草履《ぞうり》、稲藁で作られた草鞋《わらじ》などです。

問 16

紬《つむぎ》は本来、生糸にできないクズの繭をつむいだ糸から織ったのが始まりでした。茨城、栃木県が主な産地の「○○紬」、鹿児島県奄美大島の大島紬が有名です。

問17

手ぬぐいは江戸時代中期に木綿製のものが出回り、手をふくために使われたのはもちろん、頭に被るために用いられました。男被り、女被り、「〇〇被り」などが工夫されました。

問18

武士にしか着用を許されていなかったのが「〇〇」です。江戸時代中期になって町人など民間でも着られるようになりましたが、農村では村役以外は許されませんでした。

問19

庶民に重宝された上着が「〇〇」でしょう。女子や農山村の人たちにとって便利な外着でした。今日では着用する人も少なくなりましたが、一部の職人さんが愛用しているのを見かけます。

問20

元来、信仰に根ざし、敵の力を防ぐために巻いた鉢巻《はちまき》ですが、手ぬぐいが出回るようになると職人に盛んに使われました。向こう鉢巻、「〇り鉢巻」、後ろ鉢巻などの巻き方があります。

問21

日本人の着物は大きく分けて晴着と普段着に分かれます。晴着は伝統的に祭りや儀式、祝いなどの特別な日に着ますが、そうでない普通の日、つまり「○の日」に着るのが普段着です。

問22

前掛は腰から前をおおう布で「前○」とも言い、昔から使用された仕事着です。今日でもよく用いられ、労働者が付けるズック製のものや、家庭の主婦が掛けているものなどがあります。

問23

「○○○」は労働用の袴の総称で、山仕事、野良仕事、旅などにも着用された服装です。元もとは地方語だったのですが、戦争中に都会でも多く着られるようになり、有名になりました。

問24

今、愛用者はほとんどいないでしょうが、「○」には六尺、越中、モッコの三種類があります。六尺はその長さ、越中は三尺で腰まわりが紐、モッコは土などを運ぶモッコに似ています。

問 25

日本の最も代表的な布の染色法で、その華麗な絵模様が特色の友禅は、京都付近で作られる京友禅、金沢付近でできる「○○友禅」、東京友禅があり、今日でも和の世界を彩っています。

問 26

友禅には「○○○友禅」と型友禅とがあり、前者は全ての工程を手作業でするため、時間と手間がかかり、伝統的に上流階級向けの高級品です。

問 27

日本でも「○○」は弥生時代には貝殻やツノ、古墳時代には金属製のものが使われていましたが、当時は装飾のためというより、魔除けやお守りのためにはめられていました。

問 28

本来、「○○」は特別な日、神事、祭礼のときのもので、信仰的な変身の意味がありました。それが女性の身だしなみとして日常的になったのは近代になってからのことです。

★「食」の歴史・風習・しきたり

問29

豆腐を薄く切って揚げたものを袋状にしてご飯をつめた食べ物を「〇〇ずし」、牛蒡《ごぼう》や人参の細切りと胡麻を混ぜて揚げたものを関西では「〇〇頭」、関東では雁もどきと言います。

問30

昔、樽は酒や醬油、味噌、油、漬物などの運搬・保存に欠かせないものでした。五合から一升入る「〇樽」、二升から五升入る「〇樽」、もっと大きなものでは「〇斗樽」などがあります。

問31

朝に粥《かゆ》を食べる風習は平安時代からありました。米が少しで水を大量に入れて煮る粥に対して、普通に炊くご飯は「〇飯」と呼び、区別していました。

問32

古来から「酒」は神事には欠かせぬものでしたが、日常的に飲まれるのは近世以降です。それも都市生活者に限られ、農村では祭りや婚礼などの「〇〇の日」にしか飲みませんでした。

問33

古来、酒の飲み方は大盃を順にまわし飲みし、三回まわれば三献、五回まわれば五献としました。「○○」が普及してから、盃のやりとりをしながら飲んだのも、まわし飲みの名残です。

問34

釜は竈から転じたとも言われます。囲炉裏にかわりカマドを築くようになってから、ツバの付いた釜が作られるようになりました。これを「○釜」と呼びます。

問35

鮨はもともと鮒や鮎、鯉、鯛などの魚を保存する方法でした。魚と米と塩を桶に交互に入れ、押し石をして自然に熟成発酵させます。これを「○○鮨」と言います。

問36

もとは僧侶の精進料理の一つの「○○」は、それが質素を尊ぶ武家社会に受け入れられました。気付け薬として戦場にも携行され、やがて日本人の食生活には欠かせぬ品となったのです。

問37

鰹節が調味に使われるようになったのは室町時代から。ただ今日のように干したりカビをつけたりし、乾燥させるようにしたのは江戸時代初期。紀州で開発され、「○○」に伝わりました。

問38

蒲鉾は室町時代、竹に魚のすり身を巻いて炊きましたが、安土桃山時代からすり身を板に塗り付ける板蒲鉾が出回ると、従来のものは竹の輪切りに似ていることから「○○」となりました。

問39

十六世紀に南蛮料理が入ってきてから、「○○」が料理として食べられるようになりました。しかし、特定の階級の人たちの料理で、一般に広まるのは明治・文明開化の時代からです。

問40

日本への伝来が紀元前二、三世紀とされる米は、最初「○○○○○種」とジャポニカ種の両方がもたらされましたが、日本人に合うジャポニカ種がだんだんと主流になっていきました。

問 41

戦国時代には米の生産も減少しましたが、江戸時代という安定期を迎えると、「○○開発」や精米技術の進歩と相まって、生産が増加し、庶民も白米を食べられるようになったのです。

問 42

日本人が最初に考案した調味料は「塩」でしょう。塩は人間が生命を維持するうえで欠かせない食品であり、税の対象にもされました。味付けの「塩○」という言葉にも使われています。

問 43

塩はまた、神事や仏事で体の穢《けが》れや不浄を落とすための信仰的行為である「○め」や「○払い」にも使われます。祭場には塩がまかれ、体には塩を振りかけます。

問 44

奈良時代に唐僧・鑑真《がんじん》和上が持参した献上品のなかに砂糖がありました。当時は「○」として用いられることが多く、調味料としては普及しませんでした。

問45

日本に古くから伝わる料理法を列挙すると、生もの、羹《あつもの》、煮もの、煎りもの、「○○もの」、揚げもの、「○○もの」、茹でもの、の八つになります。

問46

「○○」は生ものの代表的な料理です。同じ生でも酢を用いる膾《なます》と区別し、醬油をつけて食べる習慣が、江戸時代に江戸の地で一気に花開きました。

問47

飯や汁などをお椀に盛る道具を杓子といい、それは主婦に任されました。嫁にはすぐにその杓子権は与えられず、その権利を譲ると、姑は「○○」に口出しをしないのがしきたりでした。

問48

焼酎は、慶長年間に中国から伝えられました。よく知られている材料は米、麦、「○」、蕎麦、黒糖などでしょう。特産地としては鹿児島県、宮崎県、熊本県、大分県が有名です。

問49

醤油が作られたのは十六、七世紀頃です。味噌よりも歴史が浅く、味噌を作った際に味噌のもろみから出る汁を「○○り」と呼び、これが醤油の元祖でした。

問50

大豆と炒り小麦を蒸して麹菌を作り、それに食塩と水を加え一年熟成させたのが濃口醤油。食塩を多めにし、甘酒などを加えたのが「○○醤油」です。

問51

酢は古くから調味料として使用されていましたが、一層広まったのは鎌倉時代の「○○料理」の普及によるところが大きいでしょう。野菜やわかめなどを酢漬けにする料理が好まれました。

問52

地質の良し悪しに関係なく育つため、全国各地で栽培されるようになったのが蕎麦です。古くは「○のまま○」にし、初めは水で練って煮たり、餅のように焼いて食べるのが習慣でした。

問 53

近世に入り蕎麦専門の店がたくさんでき、今日のような蕎麦切りが作られるようになりました。その代表的な食べ方は「もり・○○蕎麦」、「かけ蕎麦」、「ぶっかけ蕎麦」などです。

問 54

本格的に日本で「茶」が栽培されるようになったのは鎌倉時代です。緑茶は摘んだ茶を蒸し炒るのですが、摘んだ葉を蒸さないでしおれさせ発酵すると黒くなります。これが「○茶」です。

問 55

食品の最も古い保存加工法は漬物です。塩だけで漬けるのが一般的でした。ぬか漬が作られたのはそんなに古くはなく江戸時代初期のこと。その代表が「○○漬」でしょう。

問 56

豆腐料理は鎌倉時代に武家社会に取り入れられてから盛んになり、調理の方法も格段に増えました。大豆を煮て柔らかくし、それを漉《こ》しますが、漉したカスが「○○○」となります。

問57

陶製で皿より深い鉢をどんぶり鉢といい、江戸時代中期には飯や麺を盛る器として用いられました。天丼や卵丼など「丼○」と呼ばれる料理が生まれるのは明治以降のことです。

問58

中国で生まれ、禅僧によって日本に伝わった「○」は、懐石料理などの食材として煮もの、吸もの、揚げものなどに調理されました。原料は小麦粉です。

問59

古代には鍋は土製のものでしたが、やがて鉄製のものが生まれ、カナ鍋と呼ばれます。脚のあるものはアシ鍋、ツルの付いたツル鍋、江戸時代になって柄の付いた「○○鍋」が普及しました。

問60

食事を手でする民族は多いのですが、「○」を使う民族は少ないでしょう。食事のときだけではなく、祭事や儀式のときにも、使い方のしきたりがいろいろとあります。

問 61

「○○」は元々、中国の有名な料理人の名前だったという説があります。それが日本では料理をする人、料理をすること、のちには料理に使う刃物を指すようになりました。

問 62

食糧などの量を測る量器の制度が全国的に統一されたのは、豊臣秀吉を経て徳川幕府の時代でした。ちなみに当時の量の単位には合、升、「○」、石の区別があります。

問 63

まな板は、食材を切るのに使う板で、足の付いたものもあります。地域によっては菜板、「○○」とも言い、単に台、板とも呼びます。

問 64

古代より大豆は味噌などの調味料の原料として使われたほか、餅や煎り豆にして食べました。そして奈良時代に料理はもちろん、お菓子の原料にもなり、「○粉」もこの時代に現れます。

問65

小豆は米と一緒に炊く赤飯や赤餅に用いられたほか、近世に入ってからは羊羹《ようかん》や牡丹餅などの甘味類が人気になり、利用が盛んになりました。とくに有名なのは「丹波〇〇〇小豆」です。

問66

奈良時代から調味料や汁ものなどに利用された味噌は、鎌倉時代に僧侶や武士の料理に取り入れられ、広まりました。自家醸造が基本で、「〇〇味噌」という諺もここから来ています。

問67

味噌は室町時代から江戸時代にかけて、「〇と〇」に味噌汁を食卓に出す習慣が定着します。材料や製造法も多種多様になり、献立の一つとして欠かせぬものになりました。

問68

江戸時代の初め、「〇〇」はもっぱら飲み物でしたが、やがて調理の味付けとして使われるようになります。今日では調味料の他、正月の屠《と》蘇《そ》、照焼の照り付けなどにも用いられています。

問69

弥生時代にはすでに稲作と並行して麦も作られていました。室町時代には「○○」が上流階級の主食となるにつれ、麦飯のほうは下層の人たちの食べ物になっていきました。

問70

江戸時代の食生活も自給自足であり、米の消費が制限されていたので、農民は自分で米を作っているにもかかわらず、「雑○」が主食でした。特別な日にしか米を食べられなかったのです。

問71

「○」は平安時代の昔から正月や祝い事など晴れの日の特別な食べ物でした。焼いたり、雑煮に入れたり、日本人に欠かせない食品として現在まで伝えられています。

問72

ポルトガル人によって天正年間に伝えられた「○○」は当初、延命長寿の万能薬として扱われました。刻んだものを竹の筒に詰めて吸ったりしましたが、やがてキセルを使うのが一般的に。

問 73

今では都会の家で見かけなくなった「○○裏」は、昔より食事や休憩、接客の場でした。今日のマンションの2LDKとか3LDKという間取りのLDがまさにその場です。

問 74

欧米などの住宅には「○○」がなく、ドアを開けるといきなり部屋になっているのは、日本のように靴などの履物を脱ぐ習慣がないからです。

問 75

身分や格式を表す「○」は貴族や武家のもので、町人や農民の間では名主や庄屋といった家にしか許されませんでした。明治以降、身分制度が無くなり、一般の住宅にも付けられました。

問 76

床の間の「床○」や落とし掛けに、南天や楓《かえで》などの曲がりくねった木を用いるのは、江戸時代末期にそのような装飾が流行した名残です。

問 77

物を貯蔵しておく倉は、湿気を防ぐために床を持ち上げた「○○式」のものが弥生時代から見られました。これが湿度の調整機能をもつ「校倉《あぜくら》造」へとつながります。

問 78

竈《かまど》は神聖な場所で、近くに「神○」を設けたり、しめ縄を張ったりする地域もあります。家の象徴でもあり、分家することを「竈分け」、家をつぶすことを「竈を返す」などと言いました。

問 79

「○○」は室町時代から使われていましたが、当時は松明《たいまつ》のような夜の外出用の照明でした。のちに室内用に風などによって吹き消されないよう周囲に枠を付け、紙を張ったのです。

問 80

中国からろうそくが伝えられたのと同時に、燭台も生まれました。最初は裸火のままでしたが、やがて火袋で周りを覆うようにしました。これが「○○」です。

問81

昔、家族が寝食を共にする部屋が「〇〇」で、そこで何でもまかないました。そして次第に用途ごとに応じて寝室、客間、仕事部屋などの独立性を持った部屋に分かれていったのです。

問82

畳は鎌倉時代末から部屋に敷きつめることが始まりで、室町時代に登場した書院造りで一般化しました。ただし、地方では畳は客間くらいで、他は「〇の間」か筵《むしろ》敷きの部屋でした。

問83

畳が敷かれるようになった書院造りでは、座敷に欠かせないものが三つあります。まず床の間、次に棚で、もう一つは「障子〇」です。

問84

座敷の広さは畳の種類により、「〇〇」や田舎間などいろいろと異なります。現在では伝統的な大きさ以外に、団地サイズと呼ばれる田舎間よりもっと小さな畳が作られたりしています。

問85

調理道具の「○○」は関東での呼び名で、関西では「かんてき」と言います。土製で下に空気調節口が付いていて、その便利さから明治以降も料理屋や一般家庭で使われていました。

問86

平安時代、広い室内を区切る衝立や屛風の類を障子と言いました。その後、「○居」が生まれ、間仕切り壁としての役割を持つようになり、襖《ふすま》障子や明り障子ができました。

問87

簾《すだれ》は竹を細く割ったものや、葦を糸で編み連ねたもので、用のないときは巻きあげておきます。今日でも簾の一種である「葦○」が日除けなどに日常的に用いられています。

問88

収納具の簞笥は小さなものは古くからあり、次第に大きくなり、茶簞笥や整理簞笥ができました。また、衣装簞笥は江戸時代になってでき、「○持」とともに嫁入り道具の一つとされました。

問 89

灯籠《とうろう》の起源はインドです。仏教伝来とともに伝えられ、時代とともに一般にも普及していきました。形としては「○灯籠」や台灯籠、盆灯籠、切子灯籠などがあります。

問 90

提灯が照明具として用いられたのは、室町時代の頃です。その後、種類も形状も様々なものができましたが、今では飲み屋の代名詞「○提灯」や、祭のときにしか見かけません。

問 91

室町時代に誕生した炬燵《こたつ》は高さが低く、現在のようになるのは江戸時代からです。持ち運びができる「置き炬燵」ができてからは、従来の炉をきったものは「○○炬燵」と呼びます。

問 92

「○○」は建物内の一部が土のままになっている場所で、昔の農家では炊事や作業場などに使われています。商家や町屋でも、店の一部や裏庭への通路、台所などに用いられていました。

問93

昔、寝間は「〇〇夫婦」以外に割り当てられることがありませんでした。しかし、封建的な家族制度が崩壊するにつれ、また部屋数が増えるにつれ、家族それぞれに寝間が与えられます。

問94

鎌倉時代より現れ、江戸時代に隆盛した「〇〇」は明治以降も続きましたが、バラックのような建物に変わりました。現在では、同じような住環境の建物はアパートではないでしょうか。

問95

暖簾《のれん》の本来の目的は日除けで、入り口などに掛けました。しかし、江戸時代になり商家では屋号や商品名、名前などを染め抜き店の象徴にします。独立することを「暖簾〇〇」と言います。

問96

古来より、火を点ける方法は火打ち石と火打ち金を打ち合わせることでした。これが江戸時代に「燐〇」が伝来し、日本でも製造されると、その便利さにより、火打ち式は消え去っていきました。

問97

手足を温める暖房具で、調理の煮炊きもできるのが火鉢です。移動が簡単なものには円火鉢や角火鉢があります。また、一定の場所に置いて動かさないのが「〇火鉢」です。

問98

新羅《しらぎ》から伝わった屛風は広間を仕切ったり装飾品としても用いられます。最も豪華絢爛《けんらん》を極めたのが「〇〇時代」で、十二曲《まがり》（曲は屛風を折りたたんだときの面を数える単位）のものも。

問99

襖は「臥間《ふすま》」が語源で、のちに人目を避けるため周囲に立てる戸が「ふすま」と呼ばれました。「〇子」の一種ですが、伝統的に様々な絵や装飾がなされました。

問100

木綿が一般的になる以前、蒲団は「蒲《がま》の穂」をつめたことからこの字を当てていいます。蒲団は本来は「〇〇布団」のことでした。綿入りの「〇〇布団」が現れたのは江戸時代のこと。

問 101

風呂は最初、湯につかるものではなく「○風呂」でした。湯を沸かして、その蒸気を風呂殿という密室にため、そこで体を温めたのです。かいた汗は室外の上がり湯で流しました。

問 102

風呂屋で身じまいをしたり、湯道具を包んで運ぶのに使ったのが「○○○」です。浴衣も湯上りの濡れた体をふく湯帷子《ゆかたびら》からきています。

問 103

庶民の家に風呂が設置されるようになったのは江戸時代後期の頃です。関東では木桶風呂(鉄砲風呂)、関西では「○○○○風呂」が普及しました。

問 104

昔から便所のことを「○」と言いますが、これは川の流れの上に簡素な小屋を作り、そこで用を足したという古い時代の風習の名残だそうです。

問105

枕を大別すると、箱枕とくくり枕があり、箱枕は木の箱の上に小さなくくり枕を取り付けたもの。くくり枕は別名「○○枕」と言い、芯に蕎麦殻、茶殻などを入れて布で包んだものです。

問106

茣蓙《ござ》は御座からきた言葉で、当初は貴族が座る際の敷物を指しました。周囲に布の縁を付けたものが薄縁《うすべり》、色模様を付けたものが「○茣蓙」です。

問107

屋根の形式には切妻《きりづま》、寄棟《よせむね》、方形《ほうけい》、入母屋《いりもや》などがあります。そして瓦葺き屋根には魔除けのため、棟の両端に「○瓦」などを載せるしきたりもありました。

問108

井戸は平安、鎌倉時代には特権階級のものでした。江戸時代には掘る技術が進歩し、一般階級にも普及します、長屋では共同井戸が使われ、「井戸○○○」など社交の場にもなったのです。

★「信仰、伝承」の歴史・風習・しきたり

問 109

神社や寺にはそれぞれ「○日」があり、その日に参詣すると特別なご利《り》益《やく》があるとされました。そうすると参詣人のほかに露店などの商人も集まり「○○町」を作っていったのです。

問 110

「○○縄」は注連縄、標縄、七五三縄とも表記し、神社とその周りを区別したり、神事の際に清浄な区域を囲ったりして、魔除けの役割も果たしています。

問 111

巡礼のなかでも有名なのは「○○」三十三所巡礼と「○○」八十八ヶ所巡礼です。初めは僧侶の行なうものでしたが、南北朝以降は一般の民衆も参加するようになりました。

問 112

江戸時代以降、家によっては神棚とともに「○○」が置かれるようになりました。しかし、戦後生まれ世代の核家族化にともない、その両方とも無い家庭が増えています。

問 113

昔からのしきたりでは、神棚のある居間などの上には二階を設けないのが普通でした。現在でもマンションなどに神棚を設ける場合、その神棚の天井部分に「○」と書いた紙を貼ります。

問 114

氏神とは本来、一族で祀った神のことで、たとえば「○○氏」と春日神社、秦氏と稲荷社などが著名です。しかし、中世以降、村の鎮守神や産《うぶ》土《すな》神と混同されてきました。

問 115

元来は、生きた馬を神社や寺に奉納したのが始まりで、のちに土や木、紙で作った馬に代わり、さらに薄板に代えられたのが「○○」です。今日では受験生の合格祈願で親しまれています。

問 116

商売繁盛や家内安全、交通安全など目的に応じて神社や寺からもらう「○○」ですが、初めは陰陽《おんみょう》師や僧侶が信者に配っていたものでした。

問117

加持祈禱《かじきとう》は仏教の伝来によって一層発展し、宮中をはじめ盛んに行なわれるようになりました。鎌倉時代には祈禱奉行まで設けられ、祈禱を排していた「○宗」までもが受け入れたのです。

問118

写経は仏教の経典を写すことで、印刷技術が発達していない時代には仏法を広めるための手段、または僧侶の修行でした。その後、写経すること自体に「○○」があるとされました。

問119

寺社にお百度参りを踏む代わりに、できるだけ多くの寺社を訪れ、その証《あかし》として寺社の戸や柱に貼ったのが「○○札」です。今日では遊びで自分の持ち物や酒場のボトルに貼ったりします。

問120

仏教で、経文を黙読することを看経《かんきん》と言います。声を出して読むことは「○○」です。また、暗記して読むことは誦経《ずきょう》などと言います。

問 121

禊《みそぎ》は水によって体の穢れを流れ落とす風習で、神話の世界にも出てきます。とくに「○水」で効果が大きいとされ、今でも清めるために水をかぶったり、塩を振ったりします。

問 122

古くから農家では家を守る「○○神」を祀りました。木や石でできた祠《ほこら》を敷地の西北の隅に祀ったのです。町屋では町内の路地の奥に小さな祠を設け、土地の神を祀りました。

問 123

天王という神は、牛頭《ごず》天王のことで、インド祇園精舎の守護神ともされています。京都の「○○神社」は牛頭天王を祀るので祇園社とも言われています。

問 124

伊勢神宮に対する信仰は神明信仰とも呼ばれています。内宮《ないくう》は皇室の祖神とされる「○○大御神」、外宮《げくう》は食物の神とされる豊受大御神《とようけのおおみかみ》が祭神です。

問 125

熊野信仰の中心である熊野三山とは熊野本宮大社、熊野速玉《はやたま》大社、「熊野○○大社」のことです。熊野権現（熊野神）が祀られています。

問 126

最も広く信仰されているのはお稲荷様ではないでしょうか。京都の「○○稲荷大社」は産業や農事の守護神として、商売繁盛・五穀豊穣など参拝者の様々な願いを成就させます。

問 127

富士山信仰の浅間《せんげん》神社は、古くは「あさま」と呼ばれていました。浅間講は今もなお盛んで、白装束に身を包み、「○○清浄」を唱えながら登山する伝統的な姿が見られます。

問 128

諏訪湖のほとりにある諏訪大社は別名「諏訪○○神」と呼ばれています。日本最古の神社の一つで、狩猟・漁業の神としても信仰される一方、軍神としても崇敬されました。

問129

「○○如来」は病気を治癒してくれる仏として信仰され、造仏・造寺が全国で行なわれました。現在でも眼病を患う人たちが祈願する風習が残っています。

問130

「○○菩薩」は人々のあらゆる願いをかなえ救うため三十三の姿に変身するとされます。西国三十三所や三十三間堂などに見られる三十三という数字はこれに由来します。

問131

元もとは道の怨霊を追い払い、人々を守るのが「○○神」でした。峠や辻などの道端に置かれ、疫病や悪霊を防ぐ神として信仰されています。

問132

「○○」も村境や辻に祀られている菩薩です。小安、とげぬき、夜泣き、延命など具体的な祈願内容を名に付けたものが各地で見られます。

問133

大黒天は頭巾をかぶって小槌《こづち》をもち、米俵に乗った農神です。「○○○」は烏帽子《えぼし》をつけ竿で鯛を釣っていて、その姿は漁業の神でしたが、いつしか商売の神としても信仰されています。

問134

自然現象などに関する各地独特の伝承はたくさんあり、庶民は生活の助けにしていました。たとえば、雪の多い年は「○作」、遠くの音がよく聞こえれば「○」などです。

問135

くしゃみの数も予兆とされていました。「一ほめられ、二にくまれ、三ほれられ、四○○をひく」などが知られています。耳の孔がかゆいのは吉兆である、とも言い伝えられました。

問136

筮竹《ぜいちく》による占いは日本に古くから伝えられ、中世には易《えき》占いは陰陽師の家に伝承され、近世になると「○者」が往来で占うようになり、今日でも都会の繁華街でその姿が見られます。

問137

神意を占う方法にくじがあります。中世では家督の相続や命名を神前のくじで決めることもありました。くじで占う風習は今日でも「○○くじ」として各地の神社に残っています。

問138

悪霊や魔物を遠ざける道具は神社のお守りやお札以外にもいろいろとあります。難を転じるという「○○の木」や鏡、水晶、香木、お題目、塩なども呪力があるとされています。

問139

日常生活でのタブーも様々です。食事のとき一本箸で食べる、水に湯をさす、一つのものを二人で挟む、夜に「○○」を吹く、線香の火を息で消すなど、してはいけないことです。

問140

仏滅の日は全てのことが凶になるとされ、祝い事はしません。また、友を引くということから、友引の日は「○○」を行なわないのが、昔からの習わしでした。

解答

★「衣」の歴史・風習・しきたり

1 麻
2 絹　蚕
3 木綿
4 野良着　作業着
5 襦袢《じゅばん》
6 こはぜ掛　地下足袋
7 単《ひとえ》
8 袷《あわせ》
9 丸帯
10 団扇
11 投扇興《とうせんきょう》
12 上級武士
13 紋付
14 明治
15 鼻緒《はなお》
16 結城紬
17 姉さん被《かぶ》り
18 羽織
19 半纏《はんてん》
20 捻り
21 褻《け》の日
22 前垂
23 もんぺ
24 褌《ふんどし》
25 加賀友禅
26 手描き友禅
27 指輪
28 化粧

★「食」の歴史・風習・しきたり

29 稲荷ずし　飛竜頭《ひりょうず》
30 手樽　平樽　四斗樽
31 姫飯《ひめいい》
32 晴れの日
33 猪口《ちょこ》
34 羽釜
35 馴《な》れ鮨（熟れ鮨も可）
36 梅干
37 土佐
38 竹輪
39 牛肉
40 インディカ種
41 新田開発
42 塩梅《あんばい》
43 清め　厄払い
44 薬

45 焼きもの　蒸しもの
46 刺身
47 家事
48 芋
49 たまり
50 淡口《うすくち》醤油（薄口も可）
51 精進料理
52 粒のまま粥
53 もり・ざる蕎麦
54 紅茶
55 沢庵漬
56 おから
57 丼物

58 麩《ふ》
59 行平《ゆきひら》鍋（雪平鍋も可）
60 箸
61 包丁
62 斗《と》
63 切板《きりいた》
64 黄粉《きなこ》
65 丹波大納言小豆
66 手前味噌
67 朝と晩
68 味醂《みりん》
69 白米
70 雑穀

71 餅
72 煙草

★「住」の歴史・風習・しきたり

73 囲炉裏《いろり》
74 玄関
75 門
76 床柱
77 高床式
78 神棚
79 行灯《あんどん》
80 雪洞《ぼんぼり》
81 居間

82 板の間
83 障子窓
84 京間
85 七輪
86 敷居
87 葦簀《よしず》
88 長持
89 釣灯籠
90 赤提灯
91 掘り炬燵
92 土間
93 家長夫婦
94 長屋

95 暖簾**分け**
96 燐寸《まっち》
97 **長**火鉢
98 **桃山**時代
99 **障**子
100 **敷き**布団　**掛け**布団
101 **蒸**風呂
102 **風呂敷**
103 **五右衛門**風呂
104 **厠**《かわや》
105 **坊主**枕
106 **花**茣蓙
107 **鬼**瓦

108 井戸**端会議**

★「信仰、伝承」の歴史・風習・しきたり

109 **縁**日　**門**前町
110 **しめ**縄
111 **西国**　**四国**
112 **仏壇**
113 **雲**（**天、空も可**）
114 **藤原**氏
115 **絵馬**
116 **御札**
117 **禅**宗
118 **功徳**

119 **千社**札
120 **読経**
121 **海**水
122 **屋敷**神
123 **八**坂神社
124 **天照**大御神《あまてらすおおみかみ》
125 熊野**那智**大社
126 **伏見**稲荷大社
127 **六根**清　浄《ろっこんしょうじょう》
128 諏訪**大明**神
129 **薬師**如来
130 **観音**菩薩
131 **道祖**神

132 **地蔵**
133 **恵比寿**《えびす》
134 **豊**作　**雨**
135 四**風邪**をひく
136 **易**者
137 **おみ**くじ
138 **南天**の木
139 **口笛**
140 **葬式**

編者プロフィール

●美しい日本語を研究する会

古来より伝わる大和言葉の研究はもちろん、外来語や若者言葉などの定着により、日々変わっていく日本語の奥深さを吟味し、勉強することを目的として設立。勉強会では言葉の専門家である学者や作家、俳人、編集者などが中心になり、単に日本語だけでなく、日本の文化や伝統、しきたりにまで議論が交わされている。会の世話人は編集者歴35年の吉際幸夫が務める。尚、今回は『60歳からの脳トレ・思い出しテスト』シリーズの生みの親である「ど忘れ現象を防ぐ会」が企画・構成・編集面で全面協力している。

日本のしきたり 常識度テスト

2017年2月12日　第1刷発行

編　者――美しい日本語を研究する会

発行人――山崎　優

発行所――コスモ21
〒171-0021　東京都豊島区西池袋2-39-6-8F
☎03(3988)3911
FAX03(3988)7062
URL http://www.cos21.com/

印刷・製本――中央精版印刷株式会社

定価はカバーに表示してあります。

ISBN978-4-87795-349-2 C0030

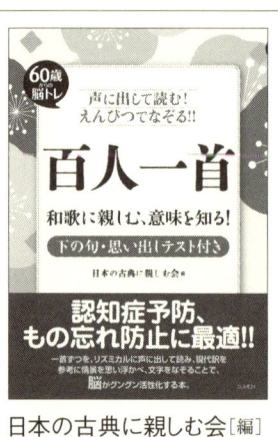

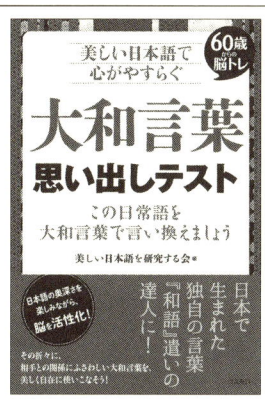

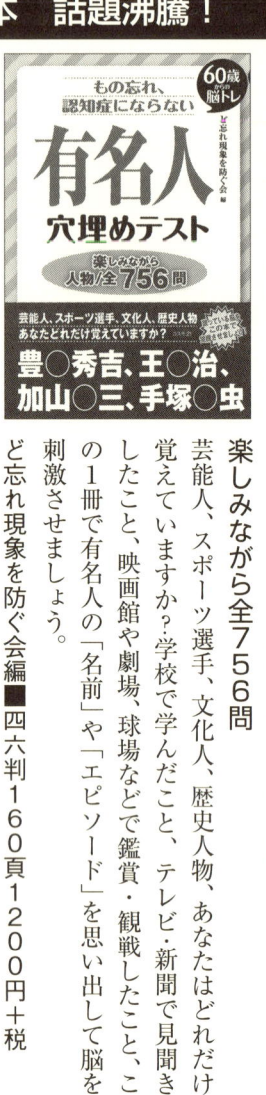

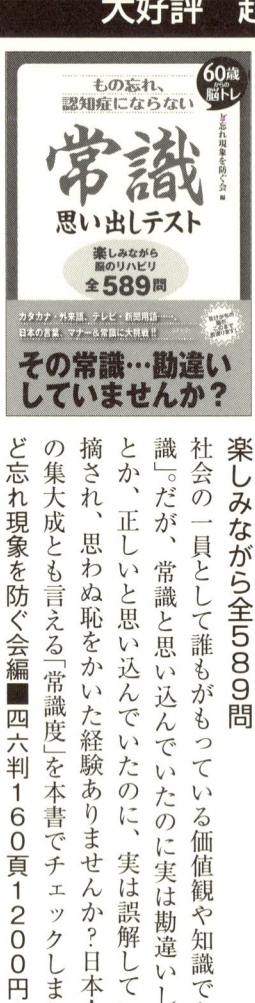

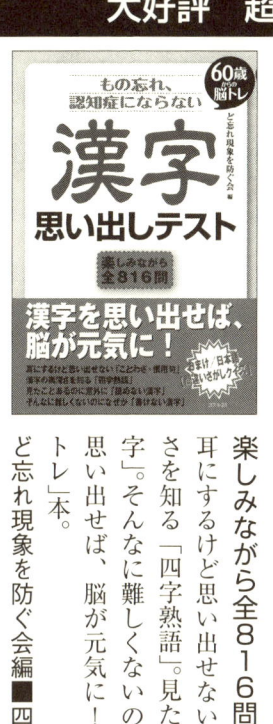

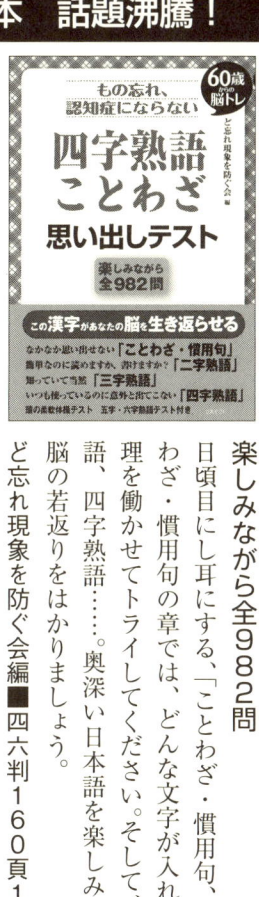

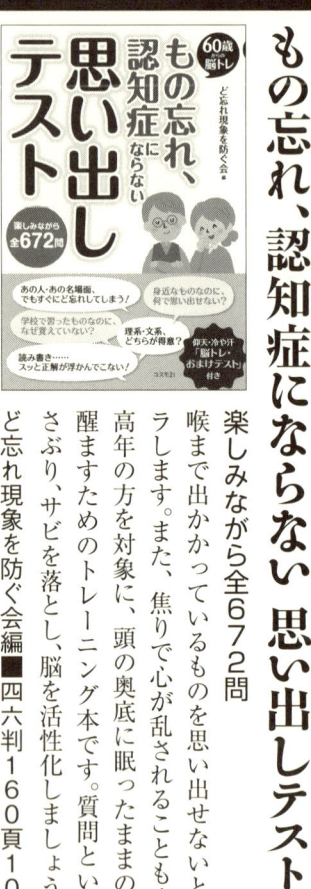